# 諸葛亮的人生哲學

——智聖人生

# 《中國人生叢書》前言

中國聖賢是一個神聖的群體。他們是思想智慧的化身，道德行為的典範，進取成功的象徵。他們或者以自己的思想學說影響歷史，併構成民族性格與靈魂；或者他們本身即親身創造歷史，留下光照千秋的業績。

但歲月流轉，時代阻隔，語言亦發生文句變化。更不用說人生代代無窮已，歷來學問家詮釋演繹聖賢學說，形成衆多門戶相左的學派，同時又相應神化聖賢事跡。於是，聖賢便高居雲端，使常人可望不可及，只能奉為神明，頂禮膜拜。

然而，消除阻隔，融匯古今，天論學問思想，或者智勇功業，如此二者常常並不是分離的，且必然是人生的，為社會人生而存在的。這就是聖賢學說、智略、勇氣、運籌、奔走、苦鬥，成功的經驗，失敗的教訓，乃至道德文章，行為風範，也體現為一種切實的人生。因為聖者賢者也是人。

這是一種存在，無須多說甚麼。但存在對每一個人並不意味著親切，也不意味著自覺。我想聖賢人生與我們這些凡夫俗子的人生加以聯繫。聖賢本是一個凡夫俗子，經許多努力，經許多造就，才成其為聖者賢者的嗎？

當然還有一個重要方面，時世使然矣，這就是歷經漫漫千年的中古時代，又歷經憂患求索的百年近代，世界文化已在衝擊中國人的生存。該如何確立中國人的人生路，我總認為莫如了解中國聖賢人生，莫如將我們平凡的人生從聖賢人生與學說找到佐證，找到圭臬。所謂古人不見今時月，今月曾經照古人。正是由此理解，由此思忖，我嘗試編寫了《莊子的人生哲學》，問世以來即引起讀者的關注與歡迎。並且成為我組織一套《中國人生叢書》的直接引線。

我大致想好了，依然如《莊子的人生哲學》一樣，書寫聖賢人物。我還不揣簡陋，以我的《莊子的人生哲學》為範本，用一種隨筆的文體與筆調，古今結合，史論結合，聖賢人生與凡生結合，我還要求每一位作者對他所寫的聖賢人物，結合自己的人生閱歷對聖賢寫出獨特的人生體驗。我請了我的多位具卓越才識的朋友，他們都極熱心地加盟這套書的寫作，並至順利完成。

現在書將出版了，我需感謝我的朋友們，感謝出版社，希望更多的讀者喜歡他。

揚帆

一九九四年六月八日

# 目錄

# 話說諸葛亮

## 早年的身世

諸葛亮字孔明
東漢靈帝徐州琅邪郡人
卒於公元二三四年
享年五十四歲

諸葛亮，字孔明，於東漢靈帝光和四年（公元一八一年）七月誕生在一個門第不高的官僚地主家中。他的祖籍在今山東省沂南縣，那時屬徐州琅邪郡。他的遠祖諸葛豐在西漢元帝時做過司隸校尉的官，爲人正直，頗有政績。他的父親諸葛珪，也曾做過泰山郡郡丞。他的叔父諸葛玄與當時的社會名流、大官要人也有來往，後來還做過官。所以，諸葛氏家族雖然談不上顯赫，但在當時還多少有點名氣。

諸葛亮小時很不幸，母親在他兩、三歲時就得病去世了，丟下比他大不到幾歲的哥哥諸葛瑾，以及比他略小的弟弟諸葛均，此外，還有兩個姐姐。父親爲了撫養他們，又娶了後娘。等到諸葛亮七、八歲時，父親又離開了人世。到後來，他們姐弟幾人只有依靠叔父諸葛玄的扶助，艱難地生活著。

諸葛亮所生活的時代，正値風雲變幻，動盪不安的亂世。先是黃巾賊之亂，攪得上至皇帝，下至州官一片慌亂；接著又是豪強割據勢力各霸一方，相互廝殺，沒完沒了地發動戰爭，鬧得天下四分五裂，烏煙瘴氣。特別是董卓叛亂，挾持漢朝的皇帝逃往長安，不斷地兼併土地，掠奪百姓的財富，弄得天下的勞苦大衆無以維生。諸葛亮一家也未倖免於難。在戰亂中，叔父諸葛玄帶著諸葛亮一大家人生活，確實艱難，而且也感到很不安穩，於是想把全家轉移到一個稍微安全點的地方。其時，諸葛玄的朋友袁術正做著大官，從淮南派人請他去豫章（今江西南昌）作太守。興平元年（一九四年），叔父便領著他們姐弟四人離開老家山東，去了江西。後來，叔父的官被人擠掉，諸葛亮又隨著叔父一行到襄陽投奔荆州牧劉表。

襄陽是荆州的府城。這地方水陸交通十分便利，在當時受戰亂的危害還不太大。到了這裡後，生活過得算是較安定。在此期間，他被叔父送到了劉表辦的「學業堂」讀書；憑著叔父的關係，還廣泛結識了居住襄陽的知名人士，如龐德公、司馬徽、黃承彥等。他從這些學識淵博、志趣高遠的前輩那兒學到了不少東西，明白了很多有關國家興亡的道理。

在襄陽待了兩年後，也就是漢獻帝建安二年（一九七年），叔父病逝。這時，諸葛亮的兩個姐姐都已出嫁，大姐嫁給了中廬縣（今湖北省南漳縣）的名門望族的子弟蒯祺；二姐嫁給了襄陽的名士龐德公的兒子龐山民。諸葛玄一死，諸葛亮少了依靠，開始想著帶小弟回山東老家與哥哥、繼母一起生活。但又想著那兒仍是兵荒馬亂，不是去處，加之龐德公及衆多好友的挽留，便在十七歲那年和弟弟諸葛均一起搬到離襄陽城西邊二十多里地的隆中居住。

從此以後，諸葛亮在隆中開始了十年的躬耕苦讀的隱居生活。

隆中十年，除親自參加田間工作以自給外，還常在草堂內刻苦攻讀。他讀的書很多，天文、歷史、地理、軍事、諸子百家，無所不讀。他的學識日漸增長。此外，他還不斷地尋師訪友，與一些志同道合的朋友切磋學問，討論國家大事。

這也使他增長了不少見識。漸漸地，他由一個普通的青少年，變成了一個通達事理、才華橫溢的人中之龍，名氣也一天天大了起來，被人尊敬地稱作「臥龍」，意思是說他有出衆的才學，就像隱埋在隆中山林中的一條龍，這龍有朝一日出了山，一定會一飛衝天，做出驚天動地的事業來。

在建安年間，出了個胸懷大志的人，名叫劉備，他是漢皇室的後代，見天下紛爭，鬧得不可開交，很想做一番統一天下的大事業，只是苦於身邊沒有多少眞才實學的人幫忙出謀劃策，便想招納一些賢士。當他從名士徐庶等人那裡得知諸葛亮是一個了不起的人物時，很想把他請出山。於是，備著禮品，帶著大將關羽、張飛，滿懷誠意地去隆中請諸葛亮。劉備不厭其煩地一連去了三次，才遇著諸葛亮。劉備的誠意感動了這位抱負不凡的隱士，這位隱士便在隆中草廬就當時的形勢以及統一全國的戰略，與劉備作了一次長談。這次談話，都記錄在著名的《隆中對》裡。

劉備三請三接後，諸葛亮終於拋妻別弟，跟隨劉備下了山。這段故事，就是後世廣泛流傳的「三顧茅廬」的佳話。

來到劉備的陣營，諸葛亮當上了軍師。爲了幫助劉備打敗強大的對手曹操，他出了很多好點子。比如說，在劉備大軍處於困境時，他給劉備出了個聯合東吳共同抗曹的主意，終於使孫劉聯軍取得了赤壁大戰的全面勝利，劉備便在三國鼎立的局勢下站穩了腳跟。

指揮劉備大軍，諸葛亮經歷很多大大小小的戰役，並盡力發揮了自己的聰明才智，使很多仗都打得很漂亮。

公元二二二年，劉備病倒在白帝城。他感到自己將不久於人世，又十分擔憂蜀國的前途，便在病重之際將太子劉禪托付給諸葛亮，希望諸葛亮這位賢能之士在他死後能幫助年輕的劉禪料理國事，以復興漢室。劉備去世後，劉禪繼承了父親的帝位。爲了報答劉備的知遇之恩，不辜負劉備生前的一片殷切期望，諸葛亮盡忠盡責，承擔了蜀漢的軍政重任。爲了安定後方，積蓄人力、物力以最終實現一統天下的願望，他曾揮師南征，很快取得了勝利。平定南方後，他又多次領兵北代，可惜都未能獲得圓滿的成功。公元二三四年，諸葛亮統兵北伐，占據五丈原（今陝西省岐山縣境內）與司馬懿兵爭於渭南時，積勞成疾，終於病故在軍中。在三國的歷史舞台上這位叱吒風雲的軍事家、政治家，就這樣帶著未能實現一生理想的遺憾到了另一個世界，享年五十四歲。

## 傳奇的戎馬生涯

諸葛亮精通兵法

在軍事上有過人的策略、計謀

人們稱他為——傑出的軍事家

諸葛亮從二十七歲出山仕蜀，一直到他離開人世，這中間整整二十七年，他的大部分時間是在戰火中度過的。他精通兵法，在軍事上有一套過人的策略、計謀，率領劉備的軍隊打了不少的仗，所以，人們稱他是傑出的軍事家。

諸葛亮雖然身經百戰，從南打到北，或從北打到南，但打得最激烈、最有規模的仗首先要算公元二〇八年的赤壁之戰，這一戰大敗曹兵，是歷史上以少勝多、以弱勝強的著名戰例。

其次就是二一三年至二一四年的奪取成都之戰，這次戰役，諸葛亮讓關羽鎮守荊州，自己與張飛等人領兵逆江而上，攻取了巴東等縣郡，然後與劉備圍攻成都，迫使益州的統治者劉璋投降。

再就是二二五年的南征之戰，這次戰役主要是平定蜀漢南中地區的反蜀勢力。當時南中地區的豪強地主有個名叫雍闓的，勾結少數民族首領孟獲起兵叛亂，企圖推翻蜀漢政權。在這種情況下，諸葛亮奉命率軍南征，同年五月渡過瀘水，七月至南中。諸葛亮七擒七縱孟獲，施展心理攻勢，使孟獲的叛軍乖乖降服。

最後就是北伐戰爭。北伐的目標是曹魏。諸葛亮率軍進行的北伐戰爭，也就是人們常說的「六出祁山」之戰。整個北代戰爭前後一共打了大約八年的時間。可惜的是，儘管諸葛亮使出了很多招數來對付善戰善謀的魏國將士，但由於蜀弱魏強等客觀原因，整個北代中原的戰爭還是沒有取得決定性的勝利。比如說，一出祁山時，諸葛亮派大將馬謖督軍在前，馬謖與曹魏強將張郃戰於街亭，馬謖沒按諸葛亮的意思行事，而自作主張，率兵捨水上山，結果被張郃打得大敗，失了街亭，使得北伐大軍無法前進，只有退守漢中。二出祁山時，諸葛亮領兵圍攻陳倉（今陝西省寶雞縣東），多日不克，糧草斷絕，不得不班師而還。

如此說來，諸葛亮算得上是一位戎馬倥傯一生的傑出的軍事家。就史料的記載看，作爲一個軍事家的諸葛亮，其身上充滿著傳奇色彩。說他是傳奇式的軍事家，不單是因爲他一生是在刀光戰火中摸爬滾打，指揮軍隊打了不少仗，而更重要的是因爲他在領兵打仗中有膽有識，能夠出奇制勝。

就拿赤壁之戰來說吧。

當時，劉備大軍面臨的敵人是順江東而下的曹魏大軍。就雙方的軍事力量看，劉備要打曹操，簡直是以卵擊石，這不只是因爲曹魏集團有曹操這麼一個老奸巨猾、勇猛善戰的一代梟雄作主帥，還因爲曹操手下有二十多萬人馬，可以說是人多勢衆，實力雄厚。

危難之中方顯英雄本色。諸葛亮在這敵衆我寡的危局面前，沒有畏縮，卻是迎難而上，巧施智謀。首先，他審時度勢，與劉備一道訂立了聯吳抗曹的策略方針，並隻身奔赴吳地，憑著三寸不爛之舌說服了孫權，使他接受了起兵抗曹的建議。接著諸葛亮又與周瑜等人一起分析敵情，共商作戰方案，終於找到了攻擊曹軍的突破口。他們針對曹軍遠來疲憊、不習水戰等弱點，決定施用火攻之法取勝曹軍，並以「苦肉計」讓黃蓋詐降曹操。最後，當黃蓋駕著載有乾柴膏油的小船乘著東南風接近曹軍泊於赤壁的戰船時，黃蓋放走小船，並引柴發火。這樣，火借風威，風助火勢，燒得曹操水上營寨的人馬狼狽不堪，劉備大軍此時揮兵大進，一戰成功。

可見，諸葛亮帶兵打仗，在戰略戰術上的確是夠行的：審時度勢，眼光不凡；神機妙算，智慧過人；巧施謀略，以弱勝強，使得他的軍事生涯具有了濃烈的傳奇色彩。難怪後世的文學家們描寫諸葛亮時，要把他寫成不同凡響的神秘人物，要在他身上加上一圈奇異的光環。比如，《三國演義》寫諸葛亮北伐司馬懿時，說諸葛亮在西城利用「空城計」，不費一兵一卒，只在城上悠然自得地拿著琴彈了一曲，竟驚退了司馬懿十五萬大軍。文學作品描述的這些情節雖然有些玄，但基本上也說明諸葛亮作爲一個傳奇式的軍事統帥是符合歷史眞實的。

## 憂國忘身的忠臣義士

君子藏器於身

待時而動

諸葛亮雖然早死於三國時代，但在以後的歲月裡，歷朝統治者們並沒有忘記他，還時常把他抬出來作典範，美化他，歌頌他，號召人們學習他。像唐太宗李世民對諸葛亮就十分推崇，說他是「賢相」，稱讚他治理國事十分公平，還特意教導房玄齡、杜如晦這些朝中重臣效法諸葛亮治國的忠勤。此外，還有很多朝代的統治者給他加官晉爵，封王賜廟。如在唐代，被封爲武靈王；在明代，朱元璋爲諸葛亮修了廟堂，還選出名臣三十七人給他舉行過祭祀活動。

人活一世，死後不僅能被普通老百姓敬仰，還能爲歷朝歷代的統治者們看重，確實不容易。當然，統治階層推崇他，美化他，是因爲以他作爲一個榜樣樹立起來，確實有益於封建政權的鞏固，有利於皇上統治他的臣民。試想一下，如果天下的老百姓，特別是知識分子，都能像諸葛亮那樣對國家，對君主忠心耿耿，那麼，天下不就會太平無事、國家不就會長治久安嗎？

如此，從側面也說明他是一個合格的忠勇之士。在他幾十年的人生道路上，所作所爲，一言一行，都幾乎成了志士仁人的典範。

說諸葛亮是一個標準的忠臣義士，首先應提到他擇主出山的事。儒家的人生哲學有很多講究，而對知識分子則提倡「窮則獨善其身，達則兼濟天下」、「君子藏器於身，待時而動。」也就是說，讀書人在不得意的時候，在沒有值得爲之效力的主子的情況下，要潔身自好，要多學幾套本事，等到時機成熟，再出來施展自己的才華，爲天下人謀幸福。諸葛亮遵從了這種人生哲學。在他二十七歲以前，雖然在地方上頗有名氣，但滿肚子的才智還未能爲世所用。但他仍自甘寂寞，隱居隆中，一邊親自耕田種地，養活自己，一邊博覽群書，尋師訪友，思考天下大事，探討治國安邦的道路。而當時，實際已天下大亂，群雄割據，形成了很多軍事集團。各路「諸侯」爲了自己將來能坐天下，紛紛招納人才幫助自己打天下。因此，對諸葛亮來說，擇主而事，就成爲他出山前首要的事情了。就當時的局勢看，曹操平定了中原，實力強大，諸葛亮完全可以到北方投奔曹操；還有孫權，他的實力雖然比不上曹操，但在江東也有一塊地盤，算是樹大根深，諸葛亮也可以南下去委身於孫權，幫他創一番打天下的偉業；即便荊州的劉表，爲了穩住江南的局勢，抗拒曹魏的侵擾，也很需要能人幫他出主意，諸葛亮也可受聘於他。但是，這各路的英雄好漢，都沒有成爲他選擇的對象，倒是劉備三顧隆中茅廬後，諸葛亮便慷慨地答應了他。爲什麼他偏偏選中了劉備呢？這其中的原因有很多，但從根本上說，是他腦子裡的封建的儒家正統觀念起了作用。劉備是漢朝皇室的後代，他所做的事業是復興漢室，是「申大義於天下」，因此，在忠君愛國、信奉儒家君臣大義思想的諸葛亮看來，劉備所走的路當然是正道，所做的事業當然是正統的。所以他最後選擇劉備，跟隨他東奔西走，南征北伐。

說諸葛亮奉行儒家綱常，是一個封建的忠臣義士，還不能不提到他對劉備的忠貞不渝，對蜀漢國事的盡職盡責，兢兢業業。諸葛亮對劉備可以說是忠貞到家了。在劉備生前，他不僅口頭上表示要「效忠貞之節，繼之以死」，在行動上也處處公忠體國。且不說他爲了幫劉備建立蜀漢政權而出生入死，奪荊州、取益州，定漢中……，捨出身家性命南征北戰，就是在處理蜀漢軍政內務上，他對劉備也是忠心不二，獻出了自己的全部力量和才智。比如，蜀漢內部有些官僚對劉備不盡忠孝之心，爭權奪利，爲己謀私（像廖立、李嚴等），諸葛亮從效忠謀國出發，對這些人展開了無情的鬥爭，毫不客氣地將他們拉下了馬。爲了報答劉備的知遇之恩，他處理國事也十分忠勤，就如他自己所說的那樣：「鞠躬盡瘁，死而後已」。例如，在大熱天他還揮汗親自校閱簿書，連主簿楊顒在旁看了也爲他的精神所感動，勸他不要爲校閱簿書這類瑣事累壞了身子。正因爲他理政勤勉，不辭勞苦，所以，後世有很多爲官作宦者把他看作是爲政忠勤的榜樣，更有一些文人學者評論某某人爲政是否勤謹，常拿諸葛亮作比照。如《晉書》的作者評價大將軍陶侃時，就曾把他比喻爲諸葛亮，說他「忠順勤勞似孔明。」

## 智慧的化身

為智者立言、向强者論道

聖明之思潺潺流過心田

在民間，常聽到這樣一些俗言口語——「三個臭皮匠，勝過一個諸葛亮」。「事後諸葛亮」。

可見，在中國老百姓的心目中，諸葛亮的大名聯繫著「智慧」、「聰明」。諸葛亮一生在世，表現出的智慧是多方面的。論做人，他有做人的技巧；論打仗，他有作戰用兵的謀略；論治國，他也有他獨特的招數……

就拿治國來說，他有用人的智慧和藝術。治蜀期間，蜀漢的人才主要有兩個來路：一是早先跟隨劉備走南闖北的舊部，如張飛、關羽等人；二是跟隨劉備入川的荊楚人士，如龐統、蔣琬等。對於這兩路人才，他都一視同仁，五湖四海，不拉宗立派，只要誰有眞本事，符合「賢材」標準，都會錄用，充分發揮他們的才智。在用人上，他不求全責備，只要是有一方面專長的人才，哪怕有一些缺點，還是用其所長。他的手下有兩個性情古怪的將領，一個叫楊儀，一個叫魏延。楊儀有智謀，會出點子；魏延勇敢，很會打仗。但他們也有太多的短處。就個性說，楊儀十分固執，魏延非常霸道。對於這樣有明顯缺點的人，諸葛亮還是大膽地使用，用其所長，避其所短。在用人上，他還不講資歷，不論出身，只要有功績、有本事，都予以提拔。在他看來，優質樹木往往生在不被人注意的幽林，而出色的人才則常常出自下層民衆之中。這樣，他敢打破條條框框，起用蔣琬、費禕之類資歷不深的能人，讓他們擔當重任。

在軍事上，他非凡的智慧體現得特別突出，從我們前面的介紹中可以看出一斑。他的軍事思想大致可從《諸葛亮集》中《將苑》五十篇中看出個大概。有人認爲，清人編輯《諸葛亮集》所收進的《將苑》，是後人僞托的作品。這個問題，誰都很難一下說得清楚，但有一點可以肯定，《將苑》作爲一部軍事理論著作所闡發的軍事思想大都可在諸葛亮的軍事實踐中得到印證、體現。這樣，把《將苑》中的軍事思想看成是諸葛亮的，也未嘗不可。就《將苑》看，諸葛亮的爲將之道和用兵作戰之法，的確富於機智。比如，他認爲將帥領兵的要訣是，要籠絡部下之心，嚴明獎懲制度，全面掌握文武兩方面的人才，靈活運用剛柔謀術；靜以待敵時要像魚兒潛在水底一樣，進攻時，要像水獺一樣又快又猛。又如，他主張優秀的將領應該具備五種本領：能及時判斷敵方的軍事情況，能準確掌握部隊前進、撤退的時機，能估計國家的虛實，能掌握天時和人心向背，能了解各種地形的艱難險阻。此外，優秀的將領應有四種追求：作戰追求出奇制勝；謀劃時追求保守機密；人多事雜要追求冷靜穩重；志向追求要始終如一。在軍事上，他還提出了很多具體的方略方針，如作戰以「攻心爲上，兵戰爲下」，「軍隊以奇計爲謀，以絕智爲主」，「善攻者敵不知其守，善守者敵不知其所攻」等等，都閃耀著智慧的光輝。

在爲人處世上，諸葛亮也是極聰明的，顯示出了一個成熟的智者風度。他曾提倡，人生在世，要志存高遠，以有德有才的先賢作榜樣完善自我，要拋棄那些庸俗的情慾；作爲一個大丈夫，要磨鍊自己的性格，能屈能伸，豁達大度。其實，諸葛亮一生基本上也是這樣做的，他把「澹泊明志、寧靜致遠」當做了人生的座右銘，一生不爲名利的繮繩所捆綁，不爲庸俗下流的慾望所糾纏，而是靜心養性，高瞻遠矚。因此，他能審時度勢，深謀遠慮，以致被人稱作識時務的俊傑；也能把上下左右的人際關係處理得左右逢源，被人譽作「千古第一完人」。

就史料的記載看，諸葛亮還是一個長於工巧的發明家。他在吸取前人的智慧、經驗的基礎上，發明創造了不少軍械器物。如他製作的木牛流馬，用來運送軍糧軍餉，很能發揮作用，特別是便於登山爬坡。此外，還製作了一弩十箭俱發的「連弩」，遠距離刺殺用的「竹槍」，架橋用的「鐵槍」……

## 諸葛大名垂宇宙

諸葛亮！

中國人心目中智慧、忠誠、勇敢的化身

史家稱其爲政治、軍事、經濟的「三絕」

中華民族有五千年的文明史。

五千年的時間，構成了漫長的歷史長河。

在這長河中，出現了無數風雲人物。

然而，大浪淘沙，轉瞬即逝，淹沒在歷史的河床中的，也同樣數不清、道不盡；而極少有像諸葛亮這樣不僅能沿著歷史的河流從中古走向現代，而且還能走向千家萬戶，走向千千萬萬人的心裡。

諸葛亮死了，軀體早就如煙似霧地消失在歷史的風雨中，但是歷朝歷代的人們以各種方式在不斷重塑他的「軀體」，讓他的形象與日月爭輝，與天地同在。

權貴政客們以賜廟封王的方式在複現他的形象：晉時，朝廷封他武興王；南齊時，給他在成都修了武侯祠；唐代，皇上封他武靈王；宋朝，被賜以「英惠廟」，還加號「仁濟」；明初，朱元璋欽定「帝王廟」……

詩人們以歌咏頌嘆的方式在複現他的形象：「藏器在身者，擇主而後動」（唐人裴度詩）、「向非昭烈賢，三顧猶未許。君子當識時，守身如處女」（明人楊基詩）……是歌頌他的審時度勢，相機而動的機智。「三顧頻炊天下計，兩朝開濟老臣心」（唐人杜甫），「兩篇忠告慷慨辭，字字中間有涕洟」（明人沈周詩）……是讚美他忠貞不二，效死不渝的品德。

小說家們以傳奇式的描述在複現他的形象；讀了《三國志平話》、《三國演義》，人們不是可以感到一個手執白羽扇、能呼風喚雨、能運籌帷幄的「智多星」的形象浮現在眼前了嗎？

……

其人雖已沒，千載有餘情！

# 完善自己

# 養性

非淡泊無以明志，非寧靜無以致遠。

——諸葛亮《誡子書》

一個生活的強者，在種種、人生逆境面前，志當強毅，意當慷慨，以微笑去迎接、去正視種種不幸。

——諸葛亮

## 淡泊明志

「世人都曉神仙好，唯有功名忘不了」

人活一世，是否該與「名」、「利」二字澈底絕緣？沾了「名」、「利」的邊兒是否就該被歸入「俗人」、「鄙人」的行列？

據說乾隆皇帝當年巡察江南時，看到江面上千帆競渡，船來人往，不禁好奇地問左右：

「江上熙來攘往者爲何？」

陪伴一旁的大學士紀曉嵐隨口答道：「無非爲『名』、『利』二字。」

這位紀老先生的回答可謂既富機趣，又一針見血！

自古至今，上至皇帝，下至臣民；老至白髮蒼蒼者，少至初悟世事人，不把「名」「利」二字往心裡擺的，確實不可多得！

「世人都曉神仙好，唯有功名忘不了。」《紅樓夢》中的那位跛腳道人可以說是用他的歌唱「畫」出了恆古以來不曾變樣的芸芸衆生相。

人活一世，是否該與「名」「利」二字徹底絕緣？沾了「名」「利」的邊兒是否就該被歸入「俗人」、「鄙人」的行列？

當然不該！人赤裸裸地來到這個世上，當然不能一輩子赤裸裸地生存於世，還得吃飯、穿衣、居住；人又是個有感情、有思維的動物，自尊、自強似乎是其天性，活得精神點、風光些，似乎也是其本能。如此，人活在世上，能不爲「利」計？能不爲「名」慮嗎？

人非不食人間煙火的神仙，即使是神仙，還往往要享受人間香火；人也非個個都是遁入空門、看破紅塵的佛徒，即使當了佛徒也還想當名僧、住持、方丈什麼的。

爲了生存，或爲了生存得更好些，人不可能完全摒棄名、利。再說人們盡棄名利，也沒有了慾望。如此個體組成的社會永遠是停滯不前的。

但是，刻意追求名利，使名利變成了繩索將自己束縛起來，讓人生應有的一點自在、逍遙都喪失殆盡，那就眞有些得不償失了。

比如說，你是一個大學老師，如果太看重名譽，一旦撈不到教授之類的桂冠，就會心理失衡，因此苦悶懊惱，垂頭喪氣，說不定還要鬧出一些病。這樣，豈不是雪上加霜？你是一個政府官員，如果太看重名利，一旦頭上的烏紗帽掉了，就會如精神支柱倒塌似的，頭上也像失去了陽光，眼前也像失去了光亮，情戚戚，神慘慘。這樣，豈不是自己折磨自己？

因此，人當曠達、瀟灑，不要被名利的羈絆拴得太死。要知道：金錢和名譽，生不帶來，死不帶去，何必顧及那麼多呢？

諸葛亮說得好：非淡泊無以明志，非寧靜無以致遠。

如今，不是有很多人嚷嚷「活得太沉重、太累」嗎？如果這些人能像諸葛先生所說的那樣、像諸葛先生當年隱居隆中那樣，不願沽名釣譽，情甘淡泊自勵，在人生的舞台上瀟灑地走一遭，相信這些人肩上的沉重感就能減輕些，活得輕鬆自如些。

人活世上，無非是工作、生活兩件大事。工作、生活當要進取、追求，但是還得順乎自然。瓜熟蒂落，水到渠成，於名於利都不勉強以求。得不喜，失不憂，寵不驚、辱不懼；成功不顛狂，失敗不沮喪。如此，工作起來自然輕鬆，生活起來自然愉快。

## 志當強毅，意當慷慨

諸葛亮以為：

一個生活的強者，在種種人生逆境面前，志當強毅，意當慷慨，以微笑去迎接、去正視種種不幸。

人生之旅，難以一帆風順，難免坷坷坎坎。在走向生命盡頭的道路上，有困頓，有失意，有磨難。

「生活就像爬大山、生活就像淌大河。」不管你是否願意，生活總是不以人的意志而轉移地將難題、將困窘推到你的面前，讓你時常領略到「爬山」、「淌河」的滋味。

面對生存的困境，人該拿出怎樣的心態？

摔了跤、栽了跟斗，是倒在地上一躺就不再起來，還是爬起來依然昂首挺胸向前走?吃敗仗被人「踹」，受人欺侮，是「破罐子破摔」，夾著尾巴做人呢，還是抬起頭，鼓足勁，壯著膽子奮起拼搏呢?

諸葛亮認爲，一個生活的強者，在種種人生逆境面前，志當強毅，意當慷慨，以微笑去迎接去正視種種不幸。

何以爲「強毅」?又何以爲「慷慨」?

首先，倒霉不倒志，不悲觀、不絕望，在人生的旗幟上始終寫上「自信」二字，是爲「強毅」，亦是爲「慷慨」。

人遭了難，受了厄，就怕像霜打的茄子，蔫頭耷腦，打不起精神。如此，就會像受潮的火柴，怎麼也點不燃。這樣下去，自己看不起自己，別人也跟著把你瞧扁，由此就使得你愈來愈縮手縮腳、膽怯不前。

社會大舞台，人生競技場。你倒了霉，受了困，再加之自暴自棄，沒了再振雄風的勇氣，自甘敗下陣來，那麼，你將永遠是那「大舞台」下的一個「觀衆」，當不了台上出色的「演員」;也將永遠是那「競技場」上的敗將，再也成不了功績卓著的勇士。

其次，把苦難作爲磨鍊意志的磨刀石，把不幸作爲促人成熟的催化劑，把失敗作爲通向成功的必經之路。這樣的品格、風度，可視爲「強毅」、「慷慨」。

生活磨難，處境惡劣，給人以打擊，對人以摧殘，威脅人的生存，妨礙人的發展；但是，千錘百煉出好鋼，自古英雄多磨難。志強毅、意慷慨的人在困境之中奮力拼搏往往變得更堅強，更成熟，往往更能激發心中創造力，作出驚天動地的成績來。

因此，古時候，孫臏受迫害，遭大刑被剜了兩個膝蓋，他卻能在逆境中奮起，寫出彪炳千古的《孫臏兵法》。屈原受小人陷害、攻擊，被楚王疏遠、放逐，他卻能窮且益堅，寫下震古鑠今的《離騷》。

由此說來，對於志強毅、意慷慨的人，「困厄」總是誕生著「奮鬥」，「失敗」總是孕育著「成功」，「苦難」總是催化著「崛起」。

在人生的困境面前，做一個志強毅、意慷慨的人，確實不易，它需要人有強大的人格力量來支撐，需要人有非凡的智慧來促成。正因其難，所以在歷史的長河中，在現實的舞台上也有無數的人在逆境之中怯懦地倒下，悄然地消沉，誠是可嘆可惜！

## 宰相肚裡能撐船

胸懷狹窄，凡事不饒人，看似强悍，實是愚儒；豁達大度，寬以待人，不為小事較長短，失理智，看似怯弱，卻是一種處大事的氣象，實是一種以退為進的人生智慧。

在蜀漢集團中，劉巴算得上是一個多謀善斷的人物。

在劉備攻下成都、經濟狀況堪憂的當頭，劉巴獻上一策：「多鑄直百錢、平諸物價」，終使劉備擺脫了困境。

劉巴因此有些居功自傲，加之心眼狹小常常看不起人，特別是瞧不起武將張飛，並常爲些瑣事與張飛發生摩擦，最後鬧得連話都很少講。

爲了緩解兩人之間的矛盾，諸葛亮找到劉巴作了一次深談，勸道：

「大丈夫處世應該胸懷寬廣些，為人隨和點。足下是雅士，何必為些小事鬧得不痛快呢？士不能皆銳，馬不能皆良，器械不能皆堅。張飛是武人，即使有些小小過失，足下作為雅士，何必那麼計較呢？」

一番勸導，使劉巴終於有所收斂。

諸葛亮勸人心胸開闊，不為小事糾纏，其實他平時也這樣做，寬容大度，忍小事而成大謀。

蜀、魏兩軍對壘，魏兵常把他罵個狗血淋頭，拿一些刺耳的話羞辱他，激他，但他全然不計較這些，敞開寬廣的胸懷容納它，紋風不動地按著自己的部署行事，該打的時候打，該守的時候守，該退的時候退。如此，始終「按牌理出牌」，所以，他總能打勝仗。

無數人生經驗證明：胸不寬則往往招災禍，小不忍則常常亂大謀。

生活中常常可以看到這樣的鏡頭：公共汽車裡兩位乘客開始是惡語相傷，繼之是彼此痛罵，接著是大打出手，拳腳相加，最終兩敗俱傷：一個嘴角流血，一個鼻青眼腫。從中解勸的人細加盤問，原來是因為車上擁擠，一個撞了另一個的腦袋。

生活中也常常出現這樣的場面：商店裡，顧客與營業員怒目而視，相互臭罵，原來只是因爲營業員找多了硬幣；家庭中，夫妻二人打得不可開交，嚷嚷著要去法庭辦離婚，原來只是因爲做丈夫的回家晚了點；車庫裡，兩同事氣急敗壞，互相飽以老拳，原來只是因爲一個蹩腳的玩笑；街道裡，兩鄰里口沫橫飛，相互指著鼻尖責罵，原來只是爲了一盆潑在「邊界線」上的髒水……

細想起來，爲一些抬不上桌面的雞毛蒜皮的小事鬧得面紅耳赤，甚至大動干戈「硝煙四起」，搞得魚死網破，眞是划不來！

這「划不來」的買賣爲什麼總是有人做呢？別無他因，無非是心窄量小而「神使鬼差」也！心窄則氣短，量小則易怒。如此，不吵、不鬧、不打，才叫怪呢！

人在世上安身立命，要交際，要工作，如此就少不得與人來往。而人上一百，行行色色，各人有各人的脾氣，各人有各人的處世方法。與你交往的人不一定都對你的路，正如所有的蔬菜並不一定都合你的胃口。因此，摩擦、碰撞自是常有的事，就是舌頭和牙齒同位一口，也有相犯的時候！

當然，與人摩擦、碰撞，如果涉及原則性的問題，自是應該寸步不讓，得要搞個水落石出。如果爲的是一些不足掛齒的小事，是否該錙銖必較？是否該得理不讓人，無理也要爭三分呢？

當然不該！作爲一個有修養、成大事的聰明人，待人處事寬宏豁達，或與人爲善，或安之若素，不爲些微小事與人爭長短、較高低，結果是既能辨好事，又能受人尊敬，利人又利己。

明人洪自誠說得好：「處世讓一步爲高，退步即進步的張本；待人寬一分是福，利人實利己的根基。」

讓人非我弱。諸葛亮曾說：眞的勇士、好的將帥，胸懷寬廣，不爲芝麻綠豆的小事而亂了大謀，壞了大事。

胸懷狹窄，凡事不饒人，看似強悍，實是愚懦；豁達大度，寬以待人，不爲小事較長短，失理智，看似怯弱，卻是一種處大事的氣象，實是一種以退爲進的人生智慧。

明朝有個叫董篤行的人，在京爲官。一日收到家人來信，說家中爲宅基地砌牆事與鄰居發生矛盾，並要董公回來出口氣。董公並沒有這樣做，卻寫了一封風趣的信勸慰家人；「千里捎書只爲牆，不禁使我笑斷腸。你仁有義結近鄰，讓出兩牆又何妨！」家人收到信，覺之有理，讓出兩牆。那鄰居見後，羞愧難當，亦主動讓出地盤，後來，兩家用共讓出的八尺地方做了個共用通道，稱「仁義胡同」。

相反，心胸狹窄，氣量短小，則必致見短識淺，其目光所及；只能是井底大的小地方。遇事只會以「我」爲中心劃圈，寬於己，嚴於人；私慾大，火氣盛。遇著點小事不順心，聽了半句話兒不順耳，就會大動肝火，猛發雷霆，像吃了火藥一樣；甚至還會鬧出毛病，丟了性命，最終往往是忍不了不忿而亂了大謀。

「將軍額上跑得馬，宰相肚裡能撐船」。要成大事，行大謀，能建「將軍」之高勛，任「宰相」重職，亦當有跑馬之「額」，行船之「肚」。

雨果曾說：「世界上最大的是海洋，比海洋大的是天空，比天空大的是胸懷。成大事、行大謀的人當有海洋、天空般的胸懷！

## 大丈夫能屈能伸

人生在世，難一帆風順。
春風得意時固然有，但失意難堪的時候也很多；
暫時的忍耐、屈服，往往可成為成就大事的一種進取策略。

人生之旅，好像是走在崎嶇不平的山路，有時可能是吃力地爬坡，有時也許是毫不費力地下坡。

「爬坡」的時候，使勁費力、疲累不堪且不說，也許還有人從旁使你的絆兒，找你的岔子，欺你壓你；「下坡」的時候，你不僅會感到輕輕鬆鬆，事事如意，也許還有人在旁邊張著笑臉奉承你，拍你的馬屁。

那麼，大丈夫在「爬坡」的時候應作何主張、在「下坡」的時候該怎樣行事呢？

諸葛亮說：大丈夫困窘難堪的時候要忍得辱、負得重，屈居人下而不墜青雲之志；得志獲勢的時候不顛狂，不忘形，抓住時機施展自己的才華。

越王勾踐於公元前四九四年的時候，與吳國在今天的太湖椒山打了一敗仗，越軍慘敗，勾踐只好帶領五千多殘兵敗將逃到會稽山，最後又被吳王夫差率兵圍了個水泄不通。此時，勾踐的處境也是夠慘的！

滑入「低谷」、萬般無奈的時候，勾踐還是忍受住了兵敗求和的奇恥大辱，不惜屈居夫差門下，精心侍奉他：夫差坐車外出，勾踐爲他牽馬；夫差病了，勾踐爲他端尿送飯；夫差的太醫要透過糞便確診病情，勾踐連忙口嚐夫差拉下的糞便。勾踐可以說是忍氣呑聲，「屈」到家了！但就在屈事夫差的時候，勾踐仍不滅雄心，不失復仇之志，暗地裡在國中整飭內務，選賢納士，發展生產、繁衍人口，訓練軍隊，使「美人計」。經過二十年的委屈求全，同時也是二十年的精心準備後，勾踐終於重展雄風，率領精兵數萬，一舉擊敗了吳國，令夫差掩面自殺。

再說漢朝的韓信，在當年無以謀生，連飯都很難混到一口的時候，淮陰街市上的一個少年屠夫侮辱他，逼他鑽褲襠。憑著他的本事，他完全可以一劍刺死這個少年無賴。但在衣食無著，事業無成的境況下，他忍了「屈」了，當著滿街人的面前，從那少年的胯下鑽了過去。

人在屋簷下，哪個不低頭？時機不利時，低下頭，委屈一下，是十分必要的。只要不是甘爲人奴，暫時的忍耐，暫時的屈服，往往可成爲成就大事者的一種進取策略。對於這種人來說，「屈」中可求得更大的「伸」，退讓中可謀得更大的進取。即如如今田徑跳遠者退幾步助跑蓄勢會跳得更遠一樣。想當初，越王勾踐兵敗如山倒之時，如果浮躁冒進，不能忍辱負重，最後要想征服吳王夫差恐怕也是天方夜譚；韓信在無賴惡少騎在自己頭上拉屎拉尿時，如果不能忍受胯下之辱，而是爭一時之氣，圖一時痛快，將那惡少送去見閻王，想必這位有著非凡將才的英雄早就會受到法律的懲處，爲那淺薄無聊的少年償命，中國歷史上自然也就沒了他光輝燦爛的一頁。

所以，安身立命於世，成家立業於社會，應學會忍耐克制，學會以屈求伸的藝術。如此，在遭受挫折之時，就不致垂頭喪氣，就不會失去心理平衡而莽撞激進，壞了大事；在人生春風得意的時候，也就不致於被勝利、被成功沖昏了頭。

## 修德

志向應該高尚、遠大，要追慕古代的聖賢，斷絕貪欲，丟棄雜念，使志趣接近古代賢人。能伸能屈，不拘於瑣碎之事。廣泛求師問學，力避怨天尤人。這樣，即使不被社會重用，也於美德無損，也不怕命運不濟。如果志氣不剛強，意趣不高昂，只是為一些世俗瑣事奔走忙碌，為一些貪慾俗念所拘束，那麼，你將永遠只能混雜在凡夫俗子之間，不可能有出息，不可能有教養。

——諸葛亮《誡外生書》語譯

## 節儉戒奢

諸葛亮以為：

驕奢淫逸，一來容易壞自己的德性；二來有害於創業打天下；三來則不能在部下面前做個好榜樣。

在中國封建社會裡，王公大臣死了，有幾個不是把陵墓修得像山一樣高、把葬禮鬧得轟轟烈烈的？

在封建社會裡，諸葛亮是一國權臣，地位不可謂不高；佐助兩朝，功勞不可謂不大。按理說，他死後墳墓建大點，葬禮氣派些，應不為過。

可是，諸葛亮覺得這樣是一種無謂的浪費，他在臨終前留下遺囑：依山建墓，能容下棺槨就行；入殮時穿平常的衣服，不要隨葬物品。

諸葛亮生前省吃儉用，不敢舖張浪費，死了也不肯「瀟灑」排場地進到另一個世界，節儉之習貫徹始終，眞是難得。

就人的本性而言，誰都想生活得舒適些，衣食住行都弄得高級些。爲什麼諸葛亮就不肯這樣呢？

那是因爲諸葛亮覺得驕奢淫逸，一來容易壞自己的德性；二來有害於創業打天下，三則不能在部下面前做個好榜樣。

所以，他常把「儉以養德」作爲信條勉勵自己，勉勵子弟，勉勵部下。

在他的影響下，蜀漢集團戒奢成習，節儉成風：姜維「側室無妾媵之褻，後庭無聲樂之娛」；費禕令兒子布衣素食，自己則「出入不從車騎，無異凡人」。

仔細想來，人一生東奔西跑，操勞忙碌，應當吃好穿好住好，不能過苦行僧，守財奴的日子；但是，花天酒地、揮金如土，也確實太不應該了！

常言道：成由勤儉敗由奢。

君臣治國，平民持家，都得認識這道理！

君臣如果不認識這個道理，認爲自己手中有的是權，府庫裡有的是金銀財寶，宮中有的是漂亮的女人，因此就可奢侈縱慾，盡情享受，那麼，「奢侈」就很快變作魔鬼使其意志喪失，變作洪水猛獸將其江山毀掉。

上古的舜帝在位的時候，曾想把宮殿裝點得漂亮些，便準備叫人造出一批漆器。

漆器在今天只能是出土文物了，可是在那個不甚開化的時代就可稱作是夠奢侈的豪華品了。

舜帝把製造漆器的事拿來與臣子們商量，想不到遭到了衆多臣僚的勸阻。

時至唐朝，開國皇帝太宗李世民對群臣勸阻舜帝製作漆器的事有些疑惑，便問身旁的諫議大夫褚遂良：「舜帝造漆器，招來十幾個臣子的勸諫。造些漆器不是小菜一碟，還用得著勸阻嗎？」

褚遂良分析說：「漆器在那個時候是奢侈品。如果任君主奢侈，那將很快招來亡國之禍。因爲群臣不勸止他，發展下去，將來君主不僅會做漆器，而且還會拿金玉來做用具。這樣，君主漸漸染上了奢侈的毛病，只圖享受，肆意揮霍，將來不是要招來天怒人怨嗎？君主不就很快垮台了嗎？」

做君臣的窮奢極欲、尋歡作樂，爲什麼就會招來江山毀棄、社稷淪亡呢？道理很簡單：君臣位居顯要，手握大權，關乎國計民生，如果一味沉湎於享受，哪還有心思料理朝政？哪還有精力顧及國事？再則，上樑不正下樑歪，在上的君臣沉湎於奢侈，迷於享受，在下的官吏豈有不縱慾、不奢侈之理？如此上行下效，「天下烏鴉一般黑」，整個國家豈不是像好端端的蘋果最後慢慢爛掉？

想三國後主劉禪當年，紙醉金迷。只圖快活，荒於國事，最後不是弄得把大好的河山送給了魏國？

當君作臣、當官做帥的不僅應戒奢崇儉，就是持家過日子的平常百姓也當遵奉成由勤儉敗由奢的道理。

過日子也不是簡單的事。吃不窮，喝不窮，算計不到一世窮。如果不「算計」，節儉不夠，奢侈成性，花天酒地，大吃大喝，總不免一世受窮，甚至還會陷入絕境。

君不見，一些公子哥兒們，染上奢侈浪費之習，處處裝「大亨」派頭，大手大腳，一擲千金，每月薪資到手，還沒在腰包裡放暖和就忙著上館子、下舞池、逛商場，最後不總是弄得寅吃卯糧，四處告貸嗎？

君不見，某些人視節儉爲吝嗇小氣，視鋪張、高消費爲時髦，揮霍無度，物慾日增，以致最後墮落得貪污、受賄、坑蒙、拐騙、偷搶什麼都來嗎？

## 見利不貪

**成就大事業者，當有諸葛亮的寡慾之性、輕利之風。**

建興十二年，諸葛亮統兵十萬，開始了第五次北伐。臨行時上表後主劉禪說：

「我在成都有八百棵桑樹，十五頃貧脊的田地。這用於我的子孫，已足夠了。至於我在外率兵作戰，也沒有別的收入和開銷，隨身的衣食，都靠府庫撥給。也不圖有別的生財之道，使自家增加一點一滴的財富。若我離世之日，不使內有餘帛，外有餘財，以負陛下。」

一個位居相國、功勛卓著的人，家財只有八百棵桑樹，一點薄脊的田地，眞叫人欽敬他廉潔奉公、淡泊財利的風範！

諸葛亮為官不貪利、不聚財，因爲他知道，只有這樣，才不致於在陰溝裡翻船，才可在自己的下屬面前做出一個好榜樣，而不使自己所在的集團在腐敗貪圖之風中垮掉。

榜樣的力量是無窮的。在諸葛亮的影響下，蜀漢集團廉潔之風大倡。費禕「雅性謙素，家不積財。」鄧芝「不治私產，妻不免飢寒，死之日，家無餘財。」姜維「宅舍弊薄，資財無餘。」

如此看來，要成就大事業者，當有諸葛亮寡欲之性、輕利之風。

按理說，錢、財不咬手，是好東西。人要生存，少不得它：人餓了就要吃，天冷了就要衣穿，添置家具要錢買……

但人不可貪財，不可謀非法之利，取不義之財。

人一貪起財利來，就會掉進錢的旋渦裡，陷入「利」的深窟中爬不出來，也就如同進了死胡同。

人一貪起財利來，就會變得喪心病狂，失去理智，爲了財利，就會不擇手段，就會視天地良心如糞土，視道德、法律如草芥，做出傷天害理的事來，貪污、盜竊、詐騙等手段就無所不用其極。

中國成語中的「利令智昏」一詞含蓄的意蘊確實耐人尋味。

《列子》曾記述了這麼一個故事：

齊國有個人物慾膨脹，貪心日大，天天想著到哪裡撈一大把金子。

某日，他起了個大早，穿好衣服去逛集市。到了街上，看到有人賣金子。他走到那攤子前，抓了一把金子就往回跑。當差的吏役很快逮住了他。

「人家主人都在場，你爲什麼敢拿別人的金子。」當差的問那齊人。

齊人回答說：「我抓金子的時候，沒看到別人，只看到金子。」

這個故事的結局當是不言而喻了：那齊人受到了法律的制裁。

乾坤朗朗，齊人爲什麼就敢明目張膽地抓別人的金子呢？

答案很簡單：貪心使他鬼迷心竅，物慾使他失去理智！

貪利就能獲利嗎？未必如此。貪利往往不僅難以得利，而且常常還會偷雞不成反蝕一把米，一如那齊人一樣。

想想今日社會某些貪婪成性、以「人無橫財不富」爲座右銘的人，或雁過拔毛，敲詐勒索；或以權謀私，貪污受賄；或巧取豪奪，坑蒙拐騙……但到頭來，他們還是逃不了正義、法律的懲罰，發家、暴富的美夢最終往往是在幽暗的大牢中破滅，或是被正義的槍聲擊碎。

身穩嘴穩，到處好安身。所以，君子處世，愛財而不貪財；求利求得正當，生財生得有道。如此，於良心無愧，於法紀無犯，一生坐得安，行得穩。

因此，高尚、聰明的人處世，把廉潔不貪看成是無價之寶。

春秋時代的子罕就是這樣的人物。

一次，宋國有人把一塊寶玉獻給做司城官的子罕，子罕死活不接受。並說：「人的品格很重要，不貪的品格是無價之寶。你把寶玉當作珍寶，我卻把不貪看作珍寶。如果我收了你的寶玉，那我們不都失去了自己的珍寶嗎？」

## 英雄要過美人關

### 英雄愛美人、要愛得有分寸、愛得有藝術

愛美，是人的天性。人們愛美麗的山川，愛美麗的畫幅，愛美麗的詩歌，愛美麗的服飾……，無一不是天性使然。如此，男人愛漂亮美麗的女人，自然也是出於天性。

中國古代聖賢說得好：食、色，人之大慾也。因此，男人對女色的慾求，好比是人餓了要吃飯，口渴要飲水，是一種本能的需要，無可厚非。

英雄是人不是神。是人，就得食人間煙火，就有七情六慾。因此，本事超人的英雄愛上窈窕淑女，不值得大驚小怪。

但是，英雄愛美人，要愛得有分寸，愛得藝術。否則，愛得出了格，愛得越了軌，往往惹出麻煩，最終鬧出悲劇：小則使自己陷入庸俗的柔情的泥淖不能自拔，鬧得心神不寧，影響了事業的發達；大則會賠進自己的身家性命，誤了國家

的前途。

商朝的紂王，可以說是個功蓋一世的大英雄，有武功，有魄力，憑著本事打下了天下，當上了帝王，只緣在女人問題上過不了關，一味寵幸心狠手辣的妲己，害忠臣，坑百姓，最後落得丟了江山；周朝的幽王，也算得上是鐵腕人物，人中豪傑，只因沉湎女色，拿國家軍機大事做遊戲，以博王妃褒姒一笑，最終使自己失了天下，給後人留下個「爲紅顏失江山」的笑柄。

因此，中國古代有「女人是禍水」之說。此說當然不公道，分明是歧視女性；但是，男人在女人問題上胡搞亂來，穩不住腳跟，女人有時確會變作洪水猛獸沖掉你的事業，吞掉你的前程的。

君不見，時下某些事業有成的能人，只因色迷心竅，或插足他人家庭，扮演「第三者」角色，或貪污公款姘外室，最後不是輕者身敗名裂，丟了前程，重者受了法律的制裁嗎？

所以，諸葛亮反覆說，英雄不可荒於酒色，不要整天在女人身上打轉，在女人問題上想點子，打歪主意。

英雄應過美人關自有其道理。英雄往往不同於尋常百姓。在軍隊裡，英雄常是中堅力量，是將是帥；在國務上，英雄也往往是爲官作宦、擔當大任的。以其名聲、地位，自然，他們少不了敵人和仇家，敵人和仇家也少不了想方設法打垮他們的軍隊，拆掉他們的台。於是，敵人和仇家常有「美人計」出籠。

當敵人和仇家以女人作爲武器進攻的時候，英雄如果耽於女色，迷於淫聲，到終就會不知不覺地吃敗仗，栽跟斗。

春秋之時的吳王夫差，如果有點拒腐蝕、永不沾的精神，對越王勾踐送上門的美女西施嗤之以鼻，置之不顧，想必最後也不會落得國破家亡自刎的悲慘下場。

相反，英雄過得美人關，不爲女人漂亮的臉蛋所迷惑，不淫不亂，往往於人生有益，於事業有補。諸葛亮當年如果像武藝出衆的大將軍呂布那樣沉迷酒色，最後也說不定一事無成，還招殺身之禍；然而，諸葛亮不好此道，只娶了個黃髮黑膚但很富才情的沔陽醜女作夫人。這醜女非但沒給他惹麻煩，反而以出衆的智慧和才學成了他的賢內助。

## 嫉「妒」如仇

所謂「臨淵羨魚，不如退而結網」。

羨慕之心，似乎人皆有之。

羨慕如出於誠服、出於敬佩，則此心此情能化作鞭策自己前進的動力，被羨慕者則往往能變成自己行動的良師、楷模。

但是，如果被畸形的心態控制，則羨慕之心又往往會被抛入「惡」的溫床，孳生出「嫉妒」的毒菌，讓人患「紅眼病」。

人之肌體一旦被「嫉妒」這毒菌侵蝕、感染，就會像被瘋狗咬傷、染上病毒的人失去理智，失去自控，變得瘋狂起來。是平民百姓，就會採取「小人」的各種手段害人、「咬人」：或冷嘲熱諷，或惡言誹謗，或在領導者面前告狀，或在群衆中間造謠言……，是當官爲頭的，就會如武大郎開店，嫉「賢」如仇，視「能」爲敵，視「善」爲「惡」；壓制人才，摧殘賢良。

戰國時，魏國有個大將軍，名叫龐涓，以其才能、本事，完全可以幹出一番偉大的事業，只因「嫉妒」的毒菌侵入軀體，「瘋」了，最後害人，卻也害了自己。

龐涓與孫臏本是同門弟子，曾是好友。龐涓先出師門，來到魏國當了大將。後來，孫臏也來到魏國。這孫臏比起龐涓來，本事確實要高出一籌，指揮軍事、運用兵法，都是一時之選。孫臏因此很受魏王器重。這樣，就讓龐涓很擔心，怕以後有孫臏就沒他龐涓了。

接著龐涓便由擔心，變成無比嫉恨孫臏了，並生出害人之心。他在魏王面前打「小報告」，盡說孫臏的壞話，害得孫臏最後蹲了大牢，受了大刑，被剜了一雙膝蓋。

這下在魏國就再沒有人壓在他頭上了，他感到心滿意足。哪知孫臏最後被人救到了齊國，被齊王重用爲軍師。孫臏爲報當年剜足之仇，在齊、魏之戰中，便將龐涓誘殺在馬陵道上。

可見，嫉妒別人，乃至不擇手段地在背後搞別人的「鬼」，拆別人的台，雖然可使自己變態、畸形的心理一時滿足，但其下場往往不太美妙。害了別人，其實也是毀了自己。

再者，別人比自己強而心生嫉恨，即使不害人，不損人，但也往往倍生煩惱，枉添痛苦。自己不如人，本就不幸，本就痛苦；如果再嫉恨別人的幸運，心生懊惱，就無異於在痛處撒鹽，無異於在雪上加霜。

所以，諸葛亮把嫉賢妒能作為人生一大戒，說「妒賢嫉能」是為將之弊，說「毀譖賢良」是軍國之害。

的確，嫉妒是人生的一大弊害，它是一種惡習，是一種畸形心理，是人格不健全的一種表現，應當力戒力避。

臨淵羨魚，不如退而結網。與其看到別人風風光光，出人頭地而心妒、眼紅，倒不如發憤圖強、奮起進擊！

# 勵精求學

學習，必須沉心靜氣；才智，要透過學習獲得。不學習就無法增長才智，沒有高遠的志向就無以成就學業。散漫、輕浮是不能振奮精神、使學業精進的；浮躁不安是不可陶冶性情的。讓時間一天天地流逝，意志一天天地消磨，這樣只能使人年老力衰，學無所成。不廣泛地接觸社會，只是空守在破舊的房子裡，又怎麼能增長見識，使學習日有所進呢？

——諸葛亮《誡子書》語譯

## 非學無以廣才

知識是開啓人才能之門的鎖匙；
讀書學習是走向智慧殿堂的通路。

才能、智慧又從何而來？

答曰：從學習中來。

學習，當然要讀書；要讀「無字之書」，也要讀有字之書。

諸葛亮當年結廬隆中時，潛心學習，刻苦攻讀，讀了幾年，書也讀得不少，但就是對書中的某些意理還參不透，有如淵深的江河一竿子下去難探深淺似的。

諸葛亮爲此苦惱。

某日，襄陽名士司馬徽來訪。面對名師，諸葛亮傾訴了胸中的苦悶。

司馬徽聽後，不禁撫掌大笑，連聲說：「以君之才，當訪求名師指點。龐公常以璞玉渾金比喻你，現在正是時候，我已給物色到了一位開璞之匠，煉金之師了。」

於是，司馬徽把年輕的諸葛亮介紹給了住在海南靈山的一位隱士，名叫酆玖，叫他師事這位隱士。

既然這位隱士是「開璞之匠，煉金之師」了，就應該有「開璞」「煉金」的舉動。可是諸葛亮在這裡居住了一整年，並不見這位「匠」「師」有什麼「開璞」、「煉金」的動作，而每天只是叫他幹些掃地、挑水的粗活。

一年後的某日，隱士拿出《三才秘錄》、《兵法陣圖》、《孤虛相旺》三本書，對諸葛亮說：「你不必再幹活了，只要把這三本書拿去認眞揣摩，百天之後再來談談。」

諸葛亮自此就整天在家琢磨這三本講兵法陣圖、治國安邦之道的書，漸漸嚼出點味來了。

百天之後，與酆公對答，酆公發現諸葛亮參透了書中的義理，又有自己的見解，甚感滿意。諸葛亮不久回到隆中，龐公等師友與之聚談，對之都刮目相看，稱之爲「臥龍」。

這麼看來，與其說鄷隱士是諸葛亮這塊「璞玉渾金」的「開璞之匠、煉金之師」，還不如說讀書是其「匠師」。

的確，知識是開啓人才能之門的鎖匙；讀書學習是走向智慧殿堂的通路。知識越豐富，觀察事物的眼力就越敏銳，分析問題的思維就越縝密，排憂解難的法子就越顯機智；而讀書學習越多，頭腦中的學識就相應越來越豐厚、廣博。

所以，諸葛亮說：「才須學也，非學無以廣才。」又說：「爲將而不通天文，不識地理，不知奇門，不曉陰陽，不看陣圖，不明兵勢，是庸才也。」

生活之樹常青。生活、實踐中的知識豐富無比，生機無限。讀書學習，不但當讀有字之書，更要讀生活這本「無字之書」，從生活、實踐中學習有字之書上難以學到的東西。

諸葛亮神機妙算，才智過人，當與他從生活經驗中學習、累積知識有關。不然的話，赤壁大戰的前幾天哪能預測到三日之內必有大霧？

## 學貴精誠專一

世上沒有絕頂聰明的天才，所謂「天才」，
還是來自勤奮；
世上少有不會的東西，關鍵存乎「用心」與否。

讀書、學習不是輕易的事，雖然可以來一點聽流行音樂的那種鬆弛，和閑庭信步的那種散漫、自在，但只能作一點調劑而已。

讀書、學習，當如和尚參禪打坐，遠避喧鬧，沉心靜氣；亦當如戀人會面相談，精神專注，盡情投入。

所以，諸葛亮說：學習應該腳踏實地，持之以恆不可投機取巧；好高騖遠，博而不精、淺嘗即止，什麼東西也學不到、學不好。急於求成、浮躁不專，不僅於學有損，而且於品性亦有害。

《莊子》中記到楚國的一位駝背人的故事確實發人深思：

孔子到楚國去，路經一片樹林，看見一個駝背人正拿著一根竹竿在粘蟬。那駝背人的動作顯出非同一般的老道、自如，他用竿粘蟬就像在地上拾東西一樣簡單、容易。

孔子看得奇怪，問那駝背人：「你的動作這樣熟練、輕鬆，是有什麼竅門，還是得了什麼道？」

駝背人答道：「我是得了道：練這手藝練到五六個月後，把兩個粘丸放在竿頂上掉不下去，蟬就很少能跑掉；再放上三個粘丸，練得掉不下來，那麼十隻蟬不過跑掉幾隻；再放上五個丸子，練得掉不下來，那麼取蟬就像在地上撿東西一樣穩當。我安穩身心，就像椿樹立在那兒；我用手臂執竿，就像枯枝一樣絲紋不動。我雖面對廣大的天地萬物，心卻只用在蟬翅上。我心無二念，取蟬之時不爲身邊五光十色的萬物所動。這樣，我怎麼會捉不住它們呢？」

孔子聽後，十分感慨地對他的學生說：「用心專一，凝神會精，說的不就是這種人嗎？」

駝背人的故事昭示著一個哲理：勤學有恆，精誠專一，則萬事可成。

世上沒有絕頂聰明的天才，所謂「天才」，還是來自勤奮；世上也很少有學不會的東西，關鍵在於是否用心。

心猿意焉，三天打魚兩天曬網，即使天資再好，也是學不成什麼，最後只能像掰一個苞谷丟一個苞谷的猴子，一無所獲，一事無成。

弈秋在春秋戰國時期，是全國最高的棋手。

這位下棋高手曾有兩個弟子跟他學習。其中一個專心致志，弈秋講什麼他就聽什麼；另外一個則有些三心二意，表面上裝裝樣子聽老師講解，心裡卻打起「野」來，一心惦記著有隻天鵝要飛來，並想著拉弓去射它。

同樣跟著名師學下棋，但兩人的結果卻迥然不同：一個學得好，另一個則不如。

由此說來，學習不肯費功夫，不願靜心以求，即使環境再好，條件再優越，也只能是瞎子點燈——白費蠟！

# 詩人處世

# 恰如其分地表露情緒

喜怒之事，不可率意妄為，否則就會行私心而廢功業。為將軍者，不可放縱憤怒而發動戰爭，一定要利用眾人的心力。假如為了他個人洩私憤而與敵交戰，則軍隊一定會失敗。怒不可以複悅，喜不可以複怒。所以，以文治為先，以武功為後，否則，先勝的必定後敗，先怒的必定後悔，因為一朝一夕的憤怒使其身毀人亡。

——諸葛亮《便宜·喜怒》語譯

## 寵不喜，辱不懼

人之一生，不可能一帆風順。
諸葛亮以為：沈著冷靜、控制情緒、不為情勢失理智。

世上之人，無論是位居顯要者，還是平常百姓，做人處事總不免要遇到這樣或那樣的境況。不可能倒霉一世，總是碰上些難堪事；也不可能一帆風順一生，總是樣樣如意，萬事成功。因此，幸運走紅的時候固然有，尷尬窘迫的時候自然也免不了。

那麼，人順利行時的時候，該以怎樣的情態處之呢？而面臨困厄艱險又該拿出怎樣的氣度呢？

諸葛亮答曰：沈著冷靜，控制情緒，不爲情勢失理智。寵不喜，辱不懼！

章武三年對於蜀國來說，是災難深重的多事之秋。

蜀漢集團的頂樑柱——劉備在這一年倒下了，死於永安宮。

劉備一死，魏國君臣上下便想乘虛而入，渾水摸魚。魏主以司馬懿掛帥，兵分五路，直取西川。

這種形勢也是夠嚴峻的了。大兵壓境，弄不好蜀漢的江山就馬上改姓。可就在此時，後主劉禪驚魄不定，朝中百官惶惶，皇太后也是恐慌不已。

眾人退兵無策，只有把「寶」押在諸葛亮身上。這時的諸葛亮如果沈不住氣，也顯出一副六神無主的樣子，說不定蜀漢朝野馬上要亂成一鍋粥，將是不攻自破。然而，諸葛亮在困境面前仍是一種處變不驚的大將風度。

當後主親赴府上詢問退兵之策時，諸葛亮是泰然自若地「大笑」，還若無其事地邀後主斟飲數杯，然後胸有成竹地陳說退兵之計。諸葛亮大難臨頭不慌神的氣度，敵兵犯境時穩授良策的舉動，使蜀漢君臣上下吃了一顆「定心丸」：後主是「又驚又喜」，眾官是面有喜色。穩住了陣腳，蜀軍最後獲取了抵禦敵人五路大兵的勝利。

可見，成就大事者當是成不驕，敗不餒；順不喜，困不懼。碰上順境也好，陷入逆境也罷，總是沈心靜氣，理智處事，不會因欣喜顛狂，抑或急躁憂懼而失其志、亂其謀、滅其勇。

說到此，不禁叫人想起東晉的著名宰相謝安。那一年，北方前秦皇帝苻堅親率七十萬大軍，以其銳不可擋之勢向東晉發起進攻。大軍壓境，鬧得東晉京城建康的朝野人士惶惶不可終日，只有宰相謝安顯得像沒事一樣，十分鎮靜。他派自己的外姪謝玄率軍抵禦。

謝玄率兵開赴前線之前，拜訪叔叔謝安，去了兩次，謝安都顯得異乎尋常的平靜。第一次，謝安只說了句「這事我已想過」，就沈默不語了；第二次，謝安居然和朋友們在別墅裡悠閒自在地開宴會，見謝玄來到，還生拉硬拽謝玄下圍棋。

作爲一個宰相，如此淡然平靜，並不是因爲心中已有了克敵制勝的良策，倒是因爲他覺得作爲核心人物的宰相不能不淡然平靜，宰相如果表現得如驚弓之鳥，將會使軍心更加搖動。

也許是謝安沈著平靜的情態感染了謝玄，謝玄在前方戰場上顯得鎮靜自如，結果大敗前秦之軍。

當大戰告捷的喜訊傳到謝安那裡時，謝安正在和客人下棋，他將前方的捷報只瞟了一眼，仍舊不露聲色地下棋，毫無欣喜若狂之態，只是在送客人跨越門檻時，不知不覺地將鞋履上的齒子絆倒折斷了，應該說他的內心是歡欣鼓舞的，只是這種情緒深藏不露而已。

在大難臨頭之時，泰然自若，在克敵獲勝時仍一如既往，不把喜怒哀樂寫在臉上，這就是謝安的風度！

作爲常人處世，亦當有這種風度。

人生在世，每臨大事有靜氣，春風得意時不張狂，身處危難時不驚懼，就不愁事業不成功。因此，你如果身置官場，儘管跟著上級辛勤奔波，任勞任怨地做得人老憔悴卻撈不到一官半職，甚至還有人欺你、「踹」你，你也不必要焦躁不安，也不要失去理智地向上級發牢騷，向同事說怪話，這樣，你仍一如既往地腳踏實地，將該做的事做得漂漂亮亮，相信你升遷被用的機會會很快降臨；你如果是一位生意場上的商人，運氣好，賺錢的機遇頻頻光顧你，發了大財，成了富翁，你也不要因此覺得高枕無憂，擺出一副財大氣粗、傲慢飄然的闊佬派頭，應該時刻感到商場如戰場，稍一懈怠疏忽，會致前功盡棄，鬧得慘敗難堪；你如果是一位參加「千軍萬馬過獨木橋」競爭的高中生，以雄厚的實力闖過了「獨木橋」，搖身一變成了天之驕子，你不必因此飄飄然，覺得可一勞永逸，而應想到人生的路很漫長，跨進大學學府只是萬里長征邁開了第一步；當你沒有闖過這座「獨木橋」時，也不必感到萬念俱灰，前途渺茫而垂頭喪氣，要知道條條江河通大海，人生的路不是只此一條……

## 喜怒之間，必明其類

**表露各種情緒，除了要把握分寸，還得講究「火候」。**

人有七情六慾，表達喜怒哀樂等情緒自是正常之事。不然，人與石頭又有什麼兩樣？

但是，人處世還是應善於表露各種情緒。表露各種情緒，要看場合，要看對象，要看時候，要恰到好處。

如果事情不關宏旨，隨意顯露自己的各種情緒，倒也無妨，因爲這樣終究不會壞大事。譬如，老朋友相聚，隨意開個不大緊的玩笑，盡情、肆意地嘻笑，哪怕是笑得前仰後合，笑得捧腹噴飯，也沒有什麼大了不起。

如果是遇有正兒八經的事，碰上正兒八經的人，隨意顯露自己的情緒就不妥當了，弄得不好往往會招致不測之禍，惹出麻煩。比方說，如果不看場合，不看對象，不看時候，在別人家辦喪事的時候，你還嬉皮笑臉，輕者別人會反感你，怒斥你，重者說不定把你揍一頓。再比如說，假設你是一個上級，如果情緒表達不當，該發脾氣的時候，火上不來，反倒嘻嘻哈哈，就會把上級的威信馬上喪失殆盡；相反，不該發火的時候，卻橫眉冷眼，一碰火就冒，像吃了生驢屎似的，這樣，就會得罪部屬，挫傷部屬的積極性。

這樣說來，人在生活中，在工作中，待人接物時，應對情緒的表露有所講究。何時發怒，何時喜悅，都不可逞一時之快，率意爲之。

諸葛亮在《便宜·喜怒》中說：「君子處世，不爲不値得高興的事而高興，不為不值得發怒的事而發怒。喜怒之時能掌握各自的分寸、界線；怒時不傷害無辜之人，喜時不阿附邪惡之徒。憤怒時不可以又喜悅，喜悅時不可以又發怒。君子威而不猛，忿而不怒，憂愁而不恐懼，高興而不狂歡。」

諸葛亮是謀智超群的英雄，是權傾一國的功臣，但他也是一個有血有肉有七情六慾的活生生的人，在工作中，在生活中也自有喜怒哀樂種種情緒的表露。但是，「諸葛一生唯謹慎」，情緒的表露也講究「火候」，把握著分寸。

得知魏將郝昭據守孤城，負嵎頑抗，不肯降服時，諸葛亮對將士們是大笑道：「量此小城，豈能禦我！休等他救兵到，火速攻之！」——如此大笑，在眾將士面前把他藐視敵人的慷慨，克敵制勝的信心「笑」出來了！

得知李嚴因軍糧不濟而妄奏天子，遮飾己過時，諸葛亮是勃然大怒，喝令武士欲斬之。——如此一怒，顯出了嫉惡如仇的眞情，嚴正執法的威勢。

得知關羽之子關興病亡軍中的消息時，諸葛亮是放聲大哭，昏倒於地，半響方醒。——如此之哀，讓人可見他愛將之情眞，惜才之心切。

做人謀事，如能自如地控制情緒，恰如其分地表達情緒，往往可以獲得種種成功：

事業成功的時候，深藏不露，不驚不喜，能給人以深沈持重的好印象；慘遭失敗的時候，不亂方寸，不悲不戚，能予人以堅毅強勁的感覺。

革命者涉嫌而被敵人審查的時候，大義凜然，泰然自若，往往能迷惑敵人，蒙混過關。

戰士與敵人肉搏的時候，既以雪亮的刺刀相向，又以氣壯山河的怒吼相威，往往能威震敵膽，置敵於死地。

…………

怒而不當，喜而失度，不當憂而憂，不當懼而懼……，往往會招致失敗，乃至滅頂之災。

唐代文學家皮日休有一則《悲摯獸》的寓言，講了一個老虎樂極生悲的故事。

一日，一個手持弓箭的農夫在靠近蘆蕩的莊稼田邊行走，忽然聽見蘆葦叢中傳來響聲。農夫摒住呼吸走近時，那蘆葦上的花穗不吹而飛，好像有什麼動物在裡面嬉鬧。定眼一看，是隻老虎。那老虎在那兒跳呀蹦的，還不斷發出叫嘯聲。看那樣子，像是發現了獵物而高興得發狂似的。農夫見狀，以爲它是發現了自己這個「獵物」而欣喜若狂，連忙躲在一旁，拿起弓箭來防衛。待那老虎再蹦跳娛歡時，農夫便張弓猛射，老虎終於應聲倒地。

農夫走近仔細一看，那老虎枕著一隻死麋而死了。

老虎逮住了一隻麋，本可美食一頓，想不到這樂事頃刻之間變成了悲事。這場悲劇是老虎自己一身釀成了；悲劇的根源就在於老虎得利時過於興奮，過於得意，興奮得近乎顚狂，得意以致忘形。試想一下，如果老虎捕住了一隻麋時，把那滿心的歡喜掩抑一下，不跳不蹦，不叫不嚷，只是悄悄地享受這到口的野味，那麼，就不致於讓農夫發現，即使讓農夫發現，也就不致讓農失產生錯覺，以爲老虎是把他當作獵物而高興，最終也就不會不明不白地死在農夫的弓箭之下。

# 仰觀俯察　明斷是非

考察疑難政務，就像區分朱色與紫色、辨別宮調和商調，需要認真地分析。稍不注意，就容易將紅色和紫色誤作朱色，將浮靡的俗樂當作正統的雅音。變亂往往發生在邊遠地區，疑問總是生於困惑之時。事物的本質不同，但表像卻往往相近。白色的石頭和美玉差不多，愚笑的人會把白石當作寶貝收藏；魚目與珍珠的形狀類似，愚蠢的人會把魚目當作珠子收取。……真假不被了解，就不會很好地付諸實行，事情就不會取得成功。

——諸葛亮《便宜·察疑》語譯

## 透過現象看本質

世人之心，往往深不可測，表裡不一；

眼不亮、心不明，則往往只能看到事物的「皮毛」，未能窺其眞正的內裡。

世上之事物，紛紜複雜，現象往往掩蓋著本質。劇毒藥物的本質常被白開水的表象掩蓋，僞劣商品的眞相常被名牌商品的裝飾遮掩。

世人之心，往往深不可測，表裡不一，有的人物看似古道熱腸，其實滿肚子壞水。

聰明人處世，當有明亮的眼睛，清醒的頭腦，不爲假象所迷惑，應由表及裡，由遠及近，透過現象看本質，這樣，才能區別善惡，分辨眞假。

諸葛亮一生很少上當受騙，就往往得助於這種透過現象看本質的能耐。

司馬懿與諸葛亮戰於北原渭橋時，企圖以詐降的花招討諸葛亮的便宜，於是遣派魏將鄭文領兵假意投降蜀軍，以作內應。

諸葛亮很謹慎，未敢輕信。於是派鄭文與魏將秦朗交戰，以觀其反應。哪知諸葛亮眼睛雪亮，從鄭文與魏將的交戰中，一下就看出了鄭文的「馬腳」，立即斷定並查明與鄭文交手的不是秦朗。而是司馬懿派來送死以取信蜀軍的秦朗。識破了詐降的詭計，諸葛亮顯得很沈穩，沒有立誅鄭文，而是將計就計，逼著鄭文給司馬懿寫了封信，終於引出司馬大軍中了埋伏，使得司馬懿丟了大將又折兵。

事後，蜀將樊建問諸葛亮道：「丞相何以知此人詐降？」諸葛亮答道：「司馬懿不會輕易讓他的得力愛將秦朗來送死。司馬懿如果眞的派秦朗爲前將軍來與降將鄭文交戰，那這秦朗必定武功高強；但是鄭文交馬只一回合，就殺了對方，可見這被殺的必不是秦朗。所以，我就判定鄭文投降是詐。」

諸葛亮能不爲鄭文投降的假象所迷惑，是因爲他頭腦清醒、善於觀察分析，能從鄭文只一回合就輕易殺死對方這一蛛絲馬跡中看出鄭文詐降的本質。

爲人有諸葛亮這種見微知著的本事。如此，一切醜的、假的事物，無論僞裝得怎麼巧妙，最後也難蒙過自己的眼睛。

春秋時期鄭國的政治家鄭子產官當出了水準，贏得了世人的尊重。一次，鄭國子產早晨出門，路過東匠裡巷的大門處，聽到了一個婦人的哭聲。

子產好生奇怪，便叫車夫停住車，靜心傾聽，覺得那婦人做了見不得人的事。於是，派遣差役將那婦人捉來審問，結果查明那婦人是親手殺死自己丈夫的凶手。

後來那車夫問子產：「您是怎麼知道這婦人有罪的？」

「她的哭聲中流露出她內心的恐懼。一般的人在自己親人開始患病之時，只是有憐愛之情，待要快死之時才生出恐懼之心，等到已經死了，便只有哀傷了。現在這婦人是哭已死的親人，但她的哭聲中沒有哀傷卻有恐懼，所以，我就猜定她是做了壞事。」

眼不亮，心不明，則往往只會看到事物的「皮毛」，而不能窺測到事物的內裡，甚至會被事物的表面現象所迷惑，以致吃虧上當，陷入歧途，弄糟事情。

三國時，曹爽一度專權，成爲了魏國的實權人物。可是，他有個潛在的對手，就是司馬懿。這司馬懿就像一隻睜著貪婪雙眼、埋伏於隱秘處的老狼，時刻伺機而動。爲了痲痹對手，司馬懿一直稱病不朝。曹爽也覺其中有鬼，便派心腹李勝深入司馬之府探聽虛實。哪知狡滑的司馬懿一會兒詐裝耳聾，把「荊州」聽成是「幷州」；一會兒假裝病態：「倒在床上，聲嘶氣喘」。然而，那李勝眼淺，看不出司馬懿這是假戲眞演，還眞以爲司馬懿老病交加，便斷定他沒心思和精力鬧政變。待李勝把所見所聞報知曹爽後，曹爽也以爲司馬懿老病是眞，便不把他當回事。正當曹爽痲痹大意，覺得高枕無憂的時候，司馬懿突然發起兵變來，最後把曹爽家族整得屁滾尿流。

這麼說，曹爽吃司馬氏的虧，應是吃在迷惑於司馬懿老病的假象而放鬆警惕上。

要明察秋毫，透過表象看本質，需要清醒的頭腦，有深刻的分辨力和判斷力，要心細如絲，能從事物的蜘絲馬跡中探尋到隱藏在表象後面的事物眞相。

## 權衡利弊

為人處世，得失之間不可不明鑒，利弊兩端不可不權衡。

蜀漢建興七年，孫權打出了自己的旗號，在武昌坐上了皇帝的位置。

這一下，在蜀漢攪起了軒然大波，朝廷內部圍繞著東吳問題熱鬧地爭吵了好一陣。有人認爲孫權不把蜀漢的正統地位放在眼裡，竟敢自己做起皇帝老子，因而覺得「交之無益」，提出和東吳一刀兩斷。

後來，後主劉禪派人把朝中爭議的事告訴了在漢中的諸葛亮，並請諸葛亮給個說法。

諸葛亮仔細權衡、分析，認爲：在東吳問題上，應從長遠利益出發考慮事情的得失；與東吳絕交，雖能出一時之氣，洩一時之忿，表面上是「得」，但於蜀漢北伐統一大業有失。因爲只有穩住了孫權，蜀國才能減輕東顧之憂，而專注於北伐討魏；如能與東吳結成聯盟，才更有利於抑制曹魏勢力。

他還強調說，當年漢文帝劉恆與匈奴和親用很謙卑的語言寫信；先帝劉備爲與東吳修好，曾割讓三郡給孫權訂立了湘水之盟。這從表面看來是一時之「失」，但對長遠的事業有益，因而是「應權通變、弘思遠益」的措施。

諸葛亮分析問題的利弊、權衡事情的得失，是大政治家的眼光：既能著眼於當前的客觀實際，又能顧及長遠的大局和利益。

無數歷史事實證明：像諸葛亮那樣權衡利弊得失，然後以作去留取捨，則可立於不敗之地；否則，動輒吃虧上當。

春秋戰國時，晉獻公攻打虢國，必須借虞國的道路經過。晉國的謀臣荀息建議獻公拿宮中的寶玉和駿馬與虞國作交易，以換取虞國提供讓道的方便。

獻公聽後，有些不大願意，因爲這寶玉非同一般的玉，而是他的祖先留下的傳家寶；這駿馬也非同一般馬，而是他心愛的寵物。

所以，獻公擔心把寶玉和駿馬作爲禮物送給虞國後，虞國反臉不認人，得了禮物又不肯借道。

荀息便反覆勸說，將事情的利害關係擺在他面前，說：「如果虞國沒有誠意借道路給我們，想他們也不敢收下這禮物。如果我們以寶玉、駿馬作爲誘餌來換取借道之便，那麼，我們將來只要一攻下虢國，唇亡齒寒，那虞國不也就要成爲我們的甕中之鱉了嗎?這樣，暫時把寶物送給虞國，不就像寶物從自己的這一倉庫移到另一倉庫嗎?」

一番精闢入理的分析，一下子就點醒了獻公。獻公終於獻上了寶玉、駿馬。

而在虞國那邊，爲是否接受晉國的禮物，是否借道的問題也展開了爭論。宮之奇以「唇亡齒寒、輔車相依」的道理說明虞國與虢國相互依存的關係，力主不予借道。哪知虞王愚蠢而貪婪，見了寶物什麼也不再考慮了，收了禮，滿口答應借道。後來事情果然與荀息和宮之奇所預料的，晉國一滅虢國，就順勢也把虞國滅了。寶物最後完好地歸返到了晉國手上。

爲人處事，得失之間不可不明鑒，利弊兩端不可不權衡。

爲了長遠利益，不可斤斤計較於眼前的一兵一卒之得失而坐失良機，也不可只眼盯著跟前的蠅頭小利而因小失大。

每一個行動，每一個舉措，是失是得，是利是弊，要用發展的、聯繫的辨證眼光來洞察，要左看右看，前看後看，不可拘於一隅，泥於一時。

## 知人察性七法

人生在世，不免要與旁人打交道。與人打交道自然要了解人。

商人經商談生意，要了解對方的心態，爲官者提拔部屬要了解部屬的才幹；青年人談戀愛要了解對象的品性……

然而，人上一百，形形色色。人是最不容易捉摸的「怪物」——

有的人看起來溫文爾雅、道貌岸然，但滿肚子卻是男盜女娼；

有的人貌似謙卑恭謹、和藹可親，骨子裡卻是狂妄自大，心地險惡；

有的人表面憨厚，而實際狡詐圓滑；

有的面目可惡，卻心也慈、手亦軟；

……

「人不可貌相」。單從外表觀察，確實很難看透一個人。一個人要立身社會，直面人生，又該怎樣識別周圍芸芸衆生，怎樣透過表面看本質呢？

諸葛亮把他長期與人打交道的經驗加以總結，提出了很多識別人的辦法。注意對方的眼睛以觀其內心世界的活動就是一法。

「眼爲心之鏡」通過對這面「鏡子」的觀察，可以了解一個人內心的動向。比如，在法庭上，當事人如果聲音悲哀、來時動作快，去時動作慢，而且不斷拿眼睛回望庭堂，表明這位當事人蒙受了不白之冤；當事人如果低頭不語，膽怯畏縮，喘息不定，豎耳不聽，而且不斷用眼偷看周圍，去時動作匆忙，不敢回顧，這說明他心懷鬼胎，夢想逃脫應有的懲罰。

眼爲心之窗。透過這「窗口」來判別人心，確不失爲鑑定別人的一種好方法。早在戰國之世，儒家的「亞聖」孟子就十分推崇這個法子。他說：觀察一個人時，不僅要聽他說些什麼，怎麼說，同時還要察看他的瞳孔。瞳孔無法掩飾內心的善惡。心正瞳孔清澈，心歪則瞳孔污濁。

除了觀察眼睛，諸葛亮還總結了七種鑑定、了解人性善惡的方法：

‧用是非去試探對方，看他是否能穩住腳跟，不動搖立場

‧用詭辯來爲難對方，觀察他瞬間的反應，看他是否善於應變

‧拿某項謀略來徵詢對方的意見，看他是否有主見，有「點子」，由此可以看出他肚子裡的識見有多高，智慧有多大，學養有多深

‧把某個困難推到對方面前，看他是否有迎難而上的勇氣和膽量

‧讓對方喝酒，把他灌個酩酊大醉，使他將眞性情暴露出來

‧讓對方處理財務，看他是否見利忘義

‧跟對方約定做某件事，看他是否守信用

七種辦法，七種「探測儀」，往往可以探測出人的品德、脾氣、能耐……

漢朝末年，國舅董承奉獻帝之命討伐曹操，西涼太守馬騰原與共謀此事。起先，董公對馬太守伐曹的誠意不甚了解，便拿出上述第一種「探測儀」來測試：「曹丞相是國家倚重的棟樑之臣，不能侮辱、小視他。」馬太守聞言大怒，痛罵曹操是「國賊」，不是個好東西。這一測試，使馬太守還眞顯出了誅除曹操的堅

定立場。

董承在這裡可算是一法奏效了。那麼，不同的場合，不同的人物，有時也許一法難見眞僞，就要多法聯用，長時間試探、觀察。諸葛亮看人、用人，一生大抵如此。

# 遠憂近慮

是非不辨則忠信之人不被使用，糊塗昏憒則觀察問題失去標準；失去標準就會胡亂策劃，胡亂策劃就會導致國家危機，國家出現危機則動盪不安。因此，有智慧的人考慮長遠，考慮長遠的人則平安。不能長遠考慮的人就容易招致危險。

——諸葛亮《便宜·陰察》語譯

危機產生於安全，滅亡產生於存在，混亂產生於治理。君子能見微知著，見始知終，因而禍亂就不可能產生。這就是思慮之政。

——諸葛亮《便宜·思慮》語譯

## 死諸葛嚇走活仲達

智者行事，科學預測、妥為預謀，至少有兩個好處：深知何為弊、何為利，便於取捨，對策在握、心裡不慌、身占主動、地處不敗，以不變應萬變。

熟悉三國故事的人，都常常爲「死諸葛嚇走活仲達」這一幕活劇拍手叫絕。話說諸葛亮臨死之前，料想自己一命歸陰後，司馬懿（即仲達）會乘機起兵追殺，便授計大將楊儀，在自己死後退兵時，待司馬懿率兵追來，就推出自己的木雕塑像，以假亂眞，達到驚退司馬懿的目的。後來，諸葛亮死了，司馬懿果然發兵追擊，楊儀按照諸葛亮生前的遺囑做了，那司馬懿以爲諸葛亮還健在，深怕中了他的計謀，不敢進逼。於是楊儀率軍結陣從容而去。不久，司馬懿知道了事情眞相，驚呼上當，並自我解嘲說：「吾能料生，不能料死。」

的確，諸葛亮行事沒有這種高超的預測力，高明的預見力，就難以屢戰不敗，後人也絕不會尊之爲神明。

無數的人生經驗證實了這一點：善於預料者勝，拙於預謀者敗。出遠門，行遠路，觀日月，察天象，能預測天有大雨，帶把雨傘，便可免卻「落湯雞」的狼狽。

炒股票，玩證券，能根據投資行情的變化推測證券市場的發展趨勢，並適時地拋出自己手中的票證，便可獲高利，發大財，不致被「套牢」。

下棋的人，自己下出一著後，能預見下第二著，第三著或第四著時對手會怎樣應付，而又能預謀著自己該怎樣反擊，那麼就會百戰百勝。

智者行事，科學預測，妥爲預謀，至少有兩個好：深知何爲弊、何爲利，便於取捨；對策在握，心裡不慌，身占主動，地處不敗，以不變應萬變。

但是，科學預測，合理預謀，並非易事。

預測不是靠胡謅亂矇就能奏效；預謀也不是隨便想個法子就可預事。

科學預測、合理預謀，要智慧，要能力，要以廣博精深的知識墊「底子」，要以對客觀事件、對象深刻的了解、準確的把握爲前提。

諸葛亮當年能預計魏國的司馬懿在自己離世後會發兵攻殺，是基於他對蜀漢在失去自己後的情況的科學分析：蜀漢倒了頂樑柱，三軍哀痛，司馬懿還會不趁渾水摸魚？

諸葛亮預先以奇謀密授楊儀，叫他在自己死後不要張揚死訊，並用自己的木像來驚退司馬大軍，是因爲諸葛亮太了解司馬懿爲人謹愼，辦事小心的本性了！

## 人無遠慮，必有近憂

處世行事，從長計議，

既能明察目前事態的變化，又能朝未來想、多為後果計。

知了在樹上叫個不停，一隻螳螂見後欣欣然，想著抓住知了便又是一頓美餐！爲逮住這送上口的肥食，它沒有考慮很多，就側著身子過去準備用那鋒利的前爪捕住知了。哪知螳螂正打著知了的主意的時候，黃雀正眼盯著螳螂，並毫無顧忌地撲上去抓住了它。當黃雀正準備美滋滋地一飽口福的當兒，樹下的一個頑童早就拿著彈弓瞄準了黃雀，最後使勁一拉彈弓，弓動丸出，黃雀應聲落地。

螳螂和黃雀都想美食一頓，不料反遭別人暗算，賠上了身家性命，演出了一場悲劇。造成這悲劇的原因，固然是黃雀陰險惡毒，頑童無聊調皮，但似乎也與螳螂、黃雀各自缺乏思慮有關。如果螳螂、黃雀在進攻對手、捕取獵物時，能夠多一個心眼，前思後想，左顧右盼，看看周遭的環境是否利於自己動手出擊，想必最後也就會避開暗中敵人打來的冷不防，也就不致落得暗算別人反被別人暗算的可悲下場。

諸葛亮說：「君子行事，無論大小，都要深思熟慮，著眼近處而作長遠的謀劃。人無長遠考慮，必有眼前憂患。君子處事常常要以他自身和周圍的條件、環境作參考，思考問題不超出自己所處的地位和自己的能力範圍。

大事的發起很困難，小事的產生較容易。因此，要想獲得利益，必須先預想到危害；要想成功，必須先想到可能的失敗。九層的樓台，雖然很高，但也容易塌壞，所以登高遠望的人不應忽視下邊的危險，向前觀望的人也不可無視身後的威脅。」

建興二年，益州名士，主簿杜微因老病請求歸鄉，諸葛亮給他寫了封信，希望他留下來繼續工作。信中，諸葛亮闡說了自己的施政要略：讓農民休養生息，發展農業生產；厲兵講武，培訓一支勇敢善戰的軍隊。

其時，蜀中的政治、經濟形勢還是不錯的，而且魏吳相爭，也使蜀漢從戰火中暫時擺脫出來。如此境況下，諸葛亮搶著時間守關勸農、發展生產、整修武備。因爲，爲著蜀漢的未來著想，要實現「兵不戰民不勞而天下定」的理想，少不得打仗；要打勝仗，沒有軍隊、武器自是不行，沒有糧食也是白搭。

可見，處世行事，從長計議，既能明察目前事態的變化，又能多朝未來想，多爲後果計。總是很要緊的。

秦穆公當年興師伐鄭，秦國老臣蹇叔想著秦軍跋山涉水、偷襲遠方的鄭國必是「師勞力竭」、「遠主備之」，秦軍將是狼狽敗北。思近慮遠，所以他力諫穆公不要窮兵黷武。

吳王夫差當年接受了越國進貢美女西施後，吳國的謀臣伍子胥，看出越國進獻美女是黃鼠狼給雞拜年，因而擔憂吳王將栽在「美人計」上。居安思危，所以他力勸吳王不要貪迷女色。

智士、英雄謀大事、繪宏圖、打江山、坐天下，要周密地思慮，長遠地計劃；凡人百姓動一念、謀一事也當深思遠慮，縱觀全局，不可鼠目寸光，只盯住眼前的繩頭小利而不顧將來結局的得失利弊。

比如說，你本是一個舞文弄墨的書生，看著旁人搏擊於時下的商品經濟大潮，大把大把地撈錢，活得飄逸瀟灑，如果也想「下海」弄潮的話，那麼，在準備從書齋邁向市場的時候，你就應該盤算盤算，權衡權衡，看自己是不是一塊經商做生意的料，如此選擇是否有利於自己將來的發展。

再比如，你如果是一個血氣方剛的小伙子，旅途偶遇一位漂亮美貌的佳麗，並對之傾心鍾情的時候，你的眼光就不能只盯在她那年輕美麗的外表上，打算與之結成百年之好，就應該看得遠點、想得多點，就得想著這位佳人是否與自己志趣品性相投，脾氣性格相合，想著將來朝夕相處是否可以過得幸福、和諧。

處世謀事，不能立足現實觀照未來，而是腳踏西瓜皮，滑到哪裡算哪裡，或是為眼前的綠豆大點的直接利益所誘惑而不能高瞻遠矚，為將來的結局著想，下場就不可避免地染上悲劇色彩。

君不見，某些人持家過日子，沒有長遠的打算、計劃，花錢不知細水長流、用度不知節儉圖來日，今朝有酒今朝醉，手中一有了幾個錢就忙不迭地去麻將桌上「搓」掉，去餐館裡「瀟灑」完，最後不是有很多人總是落得捉襟見肘、遭人白眼嗎？

君不見，前些時日「股票熱」湧動寶島，某些人夢想一夜成富翁，而不顧自己投資能力低、經營本領差，也不想想自己捲入這股熱潮後有什麼結果，只一門心思地想著發財，一個勁地炒股票，最後不是有很多人落得竹籃打水一場空、鬧得人亡家破嗎？

君不見，某些建商爲了自己公司建設工程快速上馬，某些個人爲了眼前能發財致富，曾不計後果地破壞森林資源，濫砍濫伐；圖得一時的方便、痛快，結果不是招致水土流失、生態平衡破壞、氣候日見惡劣等無窮禍患嗎？

## 謀事多朝壞處想

世事就是這樣的怪！

成敗猶是雙生子，福禍好比近鄰人，利害如同連根竹。

說怪也不怪。社會競爭，人生角逐，好像戰場廝殺，敵我相爭，有勝必有敗，有贏必有輸；又如大自然有晴又有陰，有明月當空，又有月黑風高。

人在世上謀生行事，不可能事事如意，也不可能處處倒霉。「成」的歡樂時刻也許就開始種下了「敗」的禍根；「敗」的難堪境地也許正滋長著「成」的胚芽。

因此，人要有必勝的信心，但也要有經受失敗的思想準備。常常有日思無日，莫待無時思有時。成功的時候，當想著有失敗的可能，當準備著兩手以應失敗之急。如此，方可贏得起，也輸得起；將來即使在失敗中跌倒，也可立即爬起；爬起後也不致於四顧茫然，而能朝著該去的方向邁進。

智者諸葛亮的謀略寶典裡，藏著這樣重要的一條：「欲思其利，必慮其害；

欲思其成，必慮其敗。」

這是一種戰略眼光，有兩個好處：

人在追「成」逐利的時候，首先把事情多往壞處想，思想上就繫上了警鐘。警鐘時常響起，就可以提示人經常當點心，把走路的腳步踏密點，踩實點，免得被絆倒。

再者，一開始多想到壞處，多想點不利的一面，思想上就打了「預防針」，如果一旦失利，一旦觸了霉頭，就不致於有希望越大，失望越大的那種難堪，人的心裡也容易調整、擺平些，人的精神包袱就不致於太沈重，這種有利於人的聰明才智的發揮；再說一開始就料想到不利的一面，並預先作好有迎接失敗的準備、對策，就是事情最後出了紕漏，遇了麻煩，也就不致於束手無策，在一棵樹上吊死，陷入絕境。

爲什麼有些贏得起卻輸不起的賭徒，一旦輸了，就越賭「火氣」越不好呢？原因很簡單，他一開始就只美滋滋地想著把別人腰包的錢賺到自己的腰包，壓根兒就沒有想到自己會輸，所以一旦虧了本，精神上就來了包袱，思想上加了壓力，以致心不靈，手不活，亂了招式，最後越賭越「背火」。

如今，苦讀寒窗的莘莘學子們在他們的「黑色的七月」裡作鯉魚跳龍門的準備，作決定人生命運是否改變的拚搏。可是結局往往似有荒唐：有意栽花花不開，無心插柳柳成蔭；那些一心指望月中折桂、金榜題名的考生最後總是名落孫山。一旦考試失利，就又惶惶不可終日，覺得人生的路越走越窄，感到前途渺茫，無所適從。何致如此？原來，他們從一開始就只想著成功，不想失敗，只想著進，沒想到退。心理負擔重，思想放不開，等到正式上陣應考的時候，亂了方寸，沒了靈氣。所以最後只得「砸鍋」。因爲當初根本就沒吃敗陣的準備，沒有尋退路的打算，所以，一「砸鍋」了，就有如天塌了，地陷了，沒了出路。

當然，謀事多朝壞處想，這「想」只能是趨利避害的前提，是應對不測的前奏，但絕不能作爲怯弱偷懶、畏縮不前的藉口。

# 審時度勢　見機行事

愚笨的將領要戰勝足智多謀的將領，只能依靠天命；足智多謀的將領要想戰勝愚笨的將領，是極其自然的事；智慧相當的將領相互爭奪，一方要取得勝利，就得依靠戰機。戰機的精要有三方面：一是「事」，二是「勢」，三是「情」。如果已發事件於我有利，卻不能當機立斷加以利用，便是不明智的表現；如果情勢的變化於我有利，卻不能抓住時機戰勝敵人，這是不賢能的表現；如果士氣、情況的轉變於我有利，卻不能趁機制服敵人，這是不勇敢果斷的表現。一個善於指揮的將領，必定是會憑藉有利的戰機奪取最終勝利。

——諸葛亮《將苑·機形》語譯

## 識時務者爲俊傑

狡兔死、走狗烹，飛鳥盡、良弓藏；敵國破、謀臣死。

識時務須能看出事情發展的趨勢、看清自己處境的安危、看風頭、察潮向。

諸葛亮一生英雄，常勝不敗，這根本在於他能識時務，通權達變。

善識時務，所以他選擇隱居之途，能夠「苟全性命於亂世」。

善識時務，所以他雖深居隆中僻地，卻能知曉天下發展之大勢，探尋到安邦治天的妙法良策。

善識時務，所以他能相機而動，擇明主劉備而從，爲自己找到用武之地。

…………

識時務，善變通。英雄幹驚天動地的偉業當如此，凡人過平平常常的生活亦應這樣。

識時務，方可因時而動，相機而行；善變通，方可趨利避害，取捨得宜。

戰國後前，秦王滅了魏國，又準備出兵攻打楚國。他找來大將李信和王翦共商軍機大事。問出多少兵可拿下楚國，莽撞的李信爲了迎合秦王傲慢輕敵的心態，說只要二十萬兵力就可；而王翦則實打實地加以估計，說需要六十萬人馬才行。

結果，秦王覺得王翦膽怯無能，便把李信誇獎了一通，讓他領了二十萬的兵力去攻打楚國。

受到了秦王的猜疑，王剪很識相，也很知趣，便托病回到了頻陽縣老家去養病。

王翦在此情況下稱病而歸也好。因爲，秦王要清醒，要轉變思想，需要一個過程。耐心地等待李信失敗、秦王意識到自己的錯誤，也要時間。

後來，李信一到楚國就吃了敗仗，只得落荒而逃。秦王終於醒悟，只得親自出馬到頻陽縣把王翦請了出來，並放手讓他領兵打仗，王翦終於成了功臣。

無數歷史事實證明：識時務者往往能逢凶化吉、或能轉敗爲勝，或能變被動爲主動；不識時務者則常常遭災受厄，處處碰壁，事事失意，弄得不好，還賠上了身家性命。

燕國大將樂毅英勇善戰，一口氣能破齊國七十餘座城池，可是，不被燕王信任。樂毅審時度勢，感到燕國不是藏身之地，便三十六計走爲上策，隱姓埋名逃到趙國，保全了性命。趙國大將李牧抗秦有功，只因小事得罪於趙王，處境艱困，可李不知迴避，最後落得斬首示衆的結局。

狡兔死，走狗烹；飛鳥盡，良弓藏；敵國破，謀臣死。越王勾踐手下的謀臣范蠡深知此理，看出了越王同得起患難，共不起安樂的爲人，在輔佐越王破吳後，不失時機地激流勇退，逃去做生意，既避了災厄，又發了大財。而漢時淮陰侯韓信則不具范公的這種識時務的眼力，不知進退，最後落得身毀人亡。

識時務，重要的是要能看出事情發展的趨勢，看清自己處境的安危，能看風頭，察潮向。否則，就會身履薄冰而不知，脖擱刀刃而不覺。

古時曾有這麼一個發人深思的故事。

幾個人同時乘船横渡湘水，船至河中，被浪打翻了。他們都下船游水。其中一個儘管竭盡全力，卻怎麼也游不遠。

他的同伴說：「你是最會游泳的，怎麼落在後面？」

那人回答說：「我腰纏千金，太重了，所以一直游不動。」

同伴又說：「爲什麼不扔掉它呢？」那人沒有答應，搖了搖頭。過了一會，他更加疲憊不堪了。

先游到岸上的同伴大聲向那人呼喊：「你太蠢了！性命都快保不住了，還保著錢財幹啥呢？」那人還是直搖腦袋，不一會兒，他就被浪潮吞沒了。

這個人也確實太蠢了。

## 機不可失，時不再來

機不可失，時不再來。

過了這一村，就沒那一店。

凡做什麼事，要做好，得抓住最有利的時機。

打鐵的要趁鐵燒得通紅時奮力捶打；種田的要趕著最好的季節把秧插在田

裡；經商的要抓住物稀價貴之時拋出商品……

世上見機行事、當機立斷者勝；優柔寡斷、錯失良機者敗。

諸葛亮曾以打仗之事爲例說：「作戰獲勝要靠智慧。但是，戰爭雙方是棋逢對手，將遇良才時，一方取勝得靠捕捉戰機。善於捕捉戰機的人首先要對三件東西做到心裡有底：一是事，即某種有利於己而不利於敵的事件；二是勢，即出現某種有利於己而不利於敵的情況變化。事、情、勢利於我時，應當機立斷，善加利用。這樣，才會無往而不勝。」

建興五年，諸葛亮審時度勢，運籌帷幄，率軍拉開了北伐曹魏的序幕。不早不遲，諸葛亮爲何偏選在這個時候發兵進擊呢？沒有別的原因，只是時機已經成熟：

·建興五年，魏國曹丕死，次年曹睿立。新主子登基，治國治軍自是老道不起來，故有乘虛而入之機。此爲「事」。

·蜀漢幾經整頓治理，發展生產，「國以富饒」；「治戎講武」，馬壯兵強，而且又平定了南方，故有因勢而作之機。此爲「勢」。蜀、吳兩家重新握手言歡，建立了友好關係，蜀可免腹背受敵之憂。故有了全力以赴之機。此爲「情」。諸葛亮瞅住良機奮然而起，在北伐戰爭中打了很多漂亮仗，取得了一些局部性勝利。

打仗要善察、善用事、勢、情，做好其它事也當這樣。不能「善察」，則如盲人瞎馬，不免碰壁；不能「善用」，則無所作爲，徒添懊悔。

古代有一位做鞋子生意的商人，每年換季的時期，要販上一批鞋子去某國兜售。他的鞋子好，價格低，薄利多銷，因此發了大財。

某年春夏之交，某國與別的國家有戰事，打了一場惡仗，國中人死傷無數，戰爭中倖存下來的人也大多被砍了雙腳。那鞋商一如既往地把鞋子販到這國去賣，不僅沒賺到錢，還虧了血本，因爲很多人丟了雙腳，穿鞋就成了多餘的事了。

那鞋商做生意發過大財，輝煌過，是因爲能抓住季節更替的有利時機；而後來背了時，蝕了本，根本在於不能察情見勢。如果善於觀察事、情、勢，能看到那場戰爭給某國鞋子市場帶來的行情變化，不往那兒販賣，不就得了。

曾有一對少男少女朝夕相處，愛神丘比特的箭射中了兩個年輕的心。可是雙方含羞靦腆，都只把愛深埋心底，不願捅破那層「紙」。那女的還大膽點，幾次還壯起膽子試圖捅破那層「紙」，並主動發出愛的信號，可那少男因些事情優柔起來。少女很感失望。不久，那少女就被一位勇敢的「騎士」征服了芳心。那少男最終後悔不迭，想起此事傷感不已。

讓心愛的意中人失之交臂，對於那少男來說，未始不是一場悲劇。悲劇的根源仍在他自己身上。如果那位少男能夠明察事、勢、情，在少女的情懷略有敞露的時候，能當機立斷，果敢地發進攻擊，想必一段美滿的姻緣就不致中途斷絕。

事實證明：人要見機行事，必以善於識察事、勢、情為前提。人生在世，有很多的事情要做，也有很多很多的機遇在面前。機遇常有，如果沒有一點識察事、勢、情的本事，機遇在你面前也就如同路人，終會與你擦肩而過，你還會不知不覺。

會辦事，辦好事，光有識察機遇的本事也不行，還得有把握機遇、利用機遇的能力。否則，即使發現了機遇，機會也會從你手中輕飄溜掉，到那時，你只有望「機」興嘆的份。

這樣，如果說識察機遇要具有非凡的眼力，那麼，把握機遇，利用機遇，即所謂當機立斷，見機行事，則更要有非凡的魄力和智慧。

## 見機之道，首在出其不意

人要安身立命於世，得掙個「飯碗」。

為壓倒對手，立於不敗之地，則須「出其不意，攻其無備。」

黃蜂雖小，但惹它發起怒來，即使是力大無比的壯士也畏它三分，不敢輕易碰它。

為什麼？

因爲黃蜂一旦發怒，說不定就瞅著機會，趁你不注意，以其迅雷不及掩耳之速一針刺你個冷不防。

老虎雖凶，但若掉入陷阱，即使是手無縛雞之力的三歲孩兒也敢拿著棍棒之類的東西撩它、戲它。

爲什麼？

因爲老虎落入陷阱，即使有震天動地之吼，有鋒如鋸齒之牙，有利如尖刃之爪，有摧枯拉朽之力，但再也沒有發威逞凶之機，任何人也不用擔心它冷不防咬自己一口。

自然界的動物爲戰敗對手，要瞄準時機迅速出擊；人類要戰勝敵人，需見機而行，出其不意。

諸葛亮說：「見機之道，莫先於不意。」

諸葛亮領兵三出祁山時，與魏將郝昭對峙於陳倉城。諸葛亮乘魏軍驚疑不定之機，出其不意，攻其不備，最後大勝郝昭。

其時，諸葛亮打聽得郝昭病重於軍中，便相機而動，發起攻勢，立即使「城中大亂，昭聽知驚死，蜀兵一擁入城。」

事後，諸葛亮對蜀將魏延、姜維論及此次用兵之道說：「吾打探得知郝昭病重，吾令你們三日內領兵取城，此乃穩衆人之心也。吾卻關興、張苞，只推點軍，晤出漢中。吾即藏於軍中，星夜背道徑到城下，使彼不能調兵。吾早有內應在城內放火，發喊相助，令魏兵驚疑不定。兵無主將，必自亂矣。吾因而取之，易如反掌。兵法云：『出其不意，攻其無備』，正謂此也。」

運用戰機，出奇攻敵，如此則攻必克，戰必勝；有機不乘，見機不用，用機不速，則機易失，戰不果。

古代吳國與楚國交戰，楚軍全線崩潰，三軍逃至今湖北境內的隕水附近。吳主準備乘勝追擊，一舉徹底擊敗楚軍。這時，軍中大將夫概出來勸阻吳王，說：「狗子被逼急了，要跳牆一拼。楚軍被逼急了，要死力一搏。現在不爲暫時退兵駐紮，待楚軍渡河到半途時，趁著這大好的戰機再出其不意地發兵攻擊。到那時，楚軍先渡過河的，爲了逃生，必不戀戰；後渡河的爭著渡河，也無心應戰。如此，我軍定能大獲全勝。」

夫概的主意是上乘之策：退兵駐紮，楚軍必趁這個空檔搶渡大河。這對吳軍來說，形成了一個有利的戰機；抓住楚軍半渡之時迅速出擊，則是充分有效地利用戰機。

後來，楚軍聽說吳軍退兵，以爲不敢窮追，便午夜飽食，準備渡河。當全軍十停剛剛渡過三停時，壓根兒沒料到吳軍兵從天降，突然殺來。楚軍士卒於是爭相競渡，亂作一團，終於被吳軍殺得措手不及，屍陳遍野。

想當時，楚軍渡河，戰機很好，但吳軍如果慢慢吞吞，不能神速出擊，不能趕在楚軍半渡之時打它個措手不及，而是在楚軍未渡之前或是全渡之後與其交手，那情況必是另一番景氣了。

人要安身立命於世，得掙個「飯碗」。爲了「飯碗」，得做些實事，得與人競爭。這樣，壓倒對手，立於不敗之地，自然也就成了每個競爭者的企盼。那麼，怎樣使這企盼變作現實，使好夢成眞呢？

其實，天下的事有很多相同的道理。做其它的事，幹其它的行業，要克「敵」制勝，也同打仗一樣，應相機行事，出「敵」不意。

商場如戰場。經商做生意的，要盈利，要發財，就得學精點，就得像具有大將風度的軍事指揮者那樣，見機行事，出奇制勝。是做蔬菜生意的，要瞄菜市淡季的空檔，以最快的速度趕在同行之前占領市場；是做服裝生意的，應該掌握各類消費者的消費趣味，根據服飾流行趨勢，以新的款式爆「冷門」，領導服裝市場新潮流……

## 看人打發

**諸葛亮以為對人妙法不外：靈活善變為靈魂，攻其弱點為手段。**

見人說人話，見鬼說鬼話；看人打發，因人對付；見風使舵，左右逢源。這些法子被用在惡人手中，當然只能是一種鬼把戲；被用在君子手中，自然應是一種鬥智的謀略。

人生有難題，社會有競爭。活在這個世上，有很多難題要你去攻克，很多事情要你去應付，很多人物要你去征服。

所以，你與人打交道，要學會怎樣對付人。這樣，上面所說的法子有時還不得不用。

節操可爲百代之宗的諸葛先生，品行高尚得可以。但他也主張人應有對付人的兩手，特別是對付敵人。

他曾說：作將領的，有的人勇敢不怕死，有的人性情急躁，做事求快；有的人貪婪，喜占便宜，有的人仁慈而沒有威信，有的人機智但沒有膽量；有的人富於謀略卻辦事推托拉。

因此，在交戰中，如遇到勇敢不怕死的，可想法使其暴怒，讓其失去理智；性情急躁的，不妨用持久戰來拖累他；貪心好利的，可用錢財引誘他上鈎；仁慈手軟的，可生出些事找他的麻煩；機智膽小的，可多方圍逼，使之畏懼；善謀而寡斷的，可突然襲擊，使之無力還手。

諸葛先生對付人的錦囊妙法無非是以靈活善變爲其靈魂，以攻其弱點爲手段。或順水推舟，或對症下藥，或看菜吃飯，或捏其痛處，或投其所好……

當年，劉備率軍與馬超戰於葭萌關時，因馬超驍勇善戰，劉備即使是派了像張飛這樣的大將與之交手，也難一時取勝。

不久，諸葛亮從綿竹趕來，對劉備說：「亮聞馬超世之虎將，若與張飛死戰，必有一傷；故令子龍、漢升守住綿竹，我星夜來此，可用條小計，令馬超歸降主公。」

劉備說：「我見馬超英勇，甚愛之，如何可得？」

諸葛亮獻計道：「亮聞東川張魯，欲自立為『漢寧王』。手下謀士楊松，極貪賄賂。主公可差人從小路徑投漢中，先用金銀結好楊松，後進書與張魯云：『吾與劉璋爭西川，是與你報仇。不可聽信離間之語。』事定之後，保你為『漢寧王』。令其撤回馬超兵。待其來撤時，便可用計招降矣。」

後來，劉備先派孫乾帶了金銀珠寶去賄賂楊松，楊松果然大喜，便引孫乾見了張魯，一番遊說，張魯收回了馬超兵，終於使馬超在進退兩難之際，歸順了蜀漢。

劉備兵不血刃，就讓敵將馬超歸順了自己，可以說是靠楊松、張魯的「外圍戰」才取得成功的；而楊松、張魯能為劉備所用，則應歸功於諸葛亮看人打發的法子用得好。

中國歷史上，一些著名的政治家、軍事家，往往是使用看人打發之法的老手，因而往往能獲得成功。

春秋時代，鄭國的共叔段，既貪婪成性又愚蠢至極。狡詐的鄭莊公爲了制服這個對手，使用他自身的人性的弱點反治其身：姑息養奸，欲擒故縱，讓其多行不義而自斃。

曹操的得力悍將曹洪是個「火炮筒子」，性情暴躁，勇而乏謀，馬超領兵與之戰於潼關時，見曹洪守關不出，便對其「症」下其「藥」：把曹操祖宗三代都罵個腳朝天。曹洪終於耐不住性子，出關應戰，結果被馬超殺得落花流水。

看人打發，因人施法對付，先得知人之性，了解人的深淺、「水性」，了解人的特點、弱點，就如醫生治人須先掌握患者的病情，如馴獸師馴獸先必知道獸類的習性。

其次，對付人要因人施法，這法子當然應施對路，施在點子上。否則，就會弄巧成拙。愛拍馬屁的人拍得不是部位，往往反被馬踢上一腳。

人在這個世上活著，往往是扮演著多重角色：或領導，或部屬，或同事，或鄉親，或同學，或戰友……你無論是以哪種或哪幾種角色與你周圍的人相處，得根據自己的身分，根據對方的「水性」，用相應的法子應對他們。

# 一個籬笆三個樁

用兵作戰要把握住三種情勢：一是天勢，二是地勢，三是人勢。……人勢，就是指君主聖明、將士賢良，全軍上下遵循禮法，步調一致，精誠團結，士卒服從將帥命令，拼死效力疆場。

——諸葛亮《將苑·兵勢》語譯

作為將領，要取得戰爭的勝利，必須考慮到天候、戰機及人的素質等情況。如果得到了天候、人和兩種條件，卻沒有好的戰機，這叫做逆時；如果只是得到時機、人和的條件，卻缺少天候的因素，這叫做逆天；具備有利的天候、時勢，卻無人和的條件，這叫做逆人。

——諸葛亮《將苑·智用》語譯

## 以眞誠贏得朋友

好花還需綠葉配，籬笆還要樁子撐。

人活世上，不能沒有朋友。

爭取朋友，是人生的一項工程；贏得朋友，是人生的一種智慧。

有人說：不說假話，辦不成大事。

做假，雖然也能矇過一時，但瞞不過一世。假的東西以眞的面目出現，終究會露餡子，掉底子，正如紙不能永遠地包住火。

與人相交，與朋友相處，虛情假意，說假話，做假事，雖然能騙得對方一時信賴、好感，但日久見人心，假把戲終究會被人識破。

眞正的朋友，相知至死，眞正的知音，心心相印，來不得虛假，正如眼睛容不得砂子。

所以，諸葛亮說：靠權勢和金錢交的朋友，難以長久；靠眞心、誠意結交的朋友，其友情就像長青樹一樣，四季不衰，「溫不增華，寒不落葉。」

像諸葛亮與劉備在朝中能為君臣，朝外可為朋友，魚水交融，情同手足。如此，使他贏得了事業上的好搭擋。

諸葛亮對董和待以赤誠，所以，他與董和能互相補益，同心共事，成了「共為歡交」的摯友。如此，使他贏得了事業上的好幫手。

諸葛亮對張飛、關羽、姜維等人能奉以愛心，所以，他與他們能和睦相處，同舟共濟，眞情至死不渝。如此，使他贏得了事業上的猛將。

朋友之間，眞誠是黏合劑，可把心與心膠合；是橋樑，能將情與情溝通。

將心比心，以心換心，朋友之間將得到的是美和愛的昇華；

靠假面具欺矇，靠酒肉來維繫，靠金錢來連接，那麼，心與心之間將永遠隔閡、陌生；朋友與朋友之間將永遠是貌合神離。

這樣的朋友，同得了甘，卻共不了苦。一旦誰倒了霉，遭了難，只能落得空嘆息：有酒有肉多朋友，急難何曾見一人？

朋友相交，把肺腑敞開給人看，把心掏出來跟人交往，確實是難得。

所以有人嘆息：千金易得，知音難覓！

所以有人無可奈何地感慨：人生得一知己足矣！

獲得眞正的朋友要以眞誠的付出爲代價；眞誠的付出，需要一種宏大的人格力量，包括高尙的道德，堅定的意志，非凡的智慧。

眞誠地對待朋友，不能陰一套陽一套，不能嘴上笑呵呵，背後摸傢伙；要說眞話，講實話。這無異於是對道德情操的一種考驗。

眞誠地對待朋友，應講信用，守諾言。言必信；行必果，一如旣往，一往情深，如同恩愛夫妻，海枯石爛不變心，風吹雨打不移情；不是用得著時膠如漆，用不著時一腳踢。如此，對人的意志無異於是一種檢試。

眞誠地對待朋友，應幫助朋友，勸朋友負責。朋友在危難的緊要關頭，伸出友情的雙手，出主意，想辦法，讓他渡過難關；朋友有錯誤、有缺點，敢於拉得下面情，坦誠地指出其不足，並能想著法子讓他改正錯誤、克服缺點。如此，更多地需要智慧。

好花還需綠葉配，籬笆還要樁子撐。人活世上，不能沒有朋友。爭取朋友，是人生的一項工項；贏得朋友，是人生的一種智慧。

## 依人之利，則無往不勝

**世上或許有不求人的神靈，但絕無不求人的人。**

**寸有所長、尺有所短，人亦如此。**

常言道：孤掌難鳴。

諸葛亮文韜武略，智勇雙全，在中國人的心目中是智慧的化身。但要成事，還須部下同心出力。拿主意、定策略，往往須得蔣琬、費禕之徒坐到一塊來商議、敲定；率士卒、上前線、破敵陣，常常須得龐統、黃忠、姜維等將拚死效力；從事外交、作說客、修盟好，還往往需要陳震、鄧芝等巧辯之士出面……

所以，諸葛亮深有體會地說：「依人之利，則無往而不勝。」

的確，世上或許有不求人的神靈，但絕無不求人的人。

寸有所長，尺有所短。人亦如此。

造物主很公平，把芸芸衆生送到這個世界，並不把所有的長處、好事都送某一個人：給你一個漂亮的臉，也許就不給你一個管用的腦袋；給他一張能言善辯的嘴巴，就不一定給他一雙靈巧的雙手；讓張三官場得意，也許就會讓他情場栽跟頭；讓李四善弄文墨，也許就會讓他拙於武事……

因此，世上之人，即使神通廣大、本領高強，也有無可企及、無法成功之事；魚有魚路，蝦有蝦路，有些人即使看起來笨頭呆腦，一無所長，但有時也能派上用場，做成一些「能人」所不能做出的事來。

所以，一個人在世上，他有說不盡的風流，也必有道不盡的遺憾；同理，他有千萬個弱點，說不定他也有千百個長處。

安泰可以說是希臘神話中無往而不勝的英雄，力大無比，威風得很，可他也有令其喪命的短處、弱點：離開了大地母親，就再沒有英雄的風光，倒有「狗熊」的無奈難堪。

人既不可十全十美，不可處處通天，事事通神，既有鞭長莫及之時，無可奈何之事，那麼，還是得處處學乖點、事事放精點，多求旁人扶持，多乞朋友幫助，以人之長補己之短。

「人」字的結構本來就是相互支撐！

孫猴子的本事不可謂不大：火眼金睛，七十二變；一棒千鈞，伏妖降魔。可他金箍棒也並不是威力無邊，不是所有的妖魔就一棍子能打死，打不死的時候，還是得求助觀音等神人小施仙法。

人們生活在這個地球上，你、我、他，千萬個個體形成了這個世界，構成了一個「大家」。你要生存下去，要生存得輕鬆、快活、順利，他就得與「大家」中的其他成員發生關係：你得幫助別人，或求別人幫助。

世道是這樣：你爲人人，人人爲你！

你說你有能耐，凡事不願求人；你說你高潔，不屑於芸芸衆生。由此自我封閉，孤芳自賞，與旁人老死不相往來，那麼，你很快就會寸步難行，成爲孤家寡人，終究會像不能匯入溪流，流入江海的水珠，很快就要被蒸發掉。

會辦事，成大事的人，往往能借天時、地利之助，更會依人和之利，能以他人之餘以益自己之不足，以旁人所長補自己之短，就如不會打洞的螃蟹善於借助蛇蟮的洞穴以棲身，鯤鵬憑藉扶搖之風，振翅而飛一樣。

如此說法，並不是教人勢利，教人拉拉扯扯搞關係，不是慫人一味地鑽營取巧，一味地損人利己，而是主張人在必要的時候，在自己無能爲力、他人幫忙卻惠而不費的時候，求助他人來架起通往成功的橋樑。這樣的事，何樂而不爲呢？

比如說，你現在考取了大學，或者研究生，可是因腰包不「暖和」，支付不起學費。此時，如你的親朋好友中有一個家財萬貫者，你向他借幾個錢，以應眼前囊中羞澀之急。這時借錢，對於你的親友來說，如九牛拔掉一毛，於他無損；而於自己，則可上學求知深造，益處無窮。這樣，「利用」一個有錢人，有何不好呢？

再比如說，你是個勤奮好學的青年，寫了篇有見解的論文，只因無名之輩，文章難以發表，這時走個「路子」，找個學界知名教授寫個推薦信什麼的給刊物，求得發表。這樣，你的文章本不錯，再借助別人的名望，求得發表的成功，不也是一樁美事嗎？

「假輿與者，非利是也，而致千里；假舟楫者，非能水也，而絕江河」；智者處世，神通廣大，左右逢源，並非身有異能，往往不過是善於依用他人之利罷了。

## 爪牙之士與心腹之人

常言道：一個籬笆三個樁，一個好漢三個幫。

無論是古代爲官做宦的，還是今天當上級領導、作頭兒的，身旁少不得有一群爲自己出謀劃策、忠心效力的體己人。

這類人在古代稱作「心腹」、「耳目」或「爪牙」，今天則往往以「中堅力量」、「智囊人士」之類的名目呼之。「爪牙」之類的字眼今天聽起來有點刺耳，可在古時確有幾分光彩，因爲只有博學多謀、勇敢善戰的人才能充當「爪牙」一類的角色。

「爪牙」、「心腹」、「耳目」之於爲官者，十分重要。

諸葛亮說：「當官做帥的人，如果沒有心腹，就會像夜行人走在伸手不見五指的黑地裡，茫然無措，不知該怎樣抬腿伸腳；沒有耳目，就有如生活在幽暗環境中的瞎子，不知周圍的環境如何變化；沒有爪牙之士的輔佐，就似飢餓的人吃有毒的食物，沒有不死亡的。」

正因「心腹」、「耳目」「爪牙」重要，所以，諸葛亮平時能有意栽培之，關鍵時刻能儘量用之。

向魏軍行使詐降計，他把心腹姜維派上了用場，因爲姜維對他赤膽忠心，經得起考驗，又富於機謀，置於狼巢虎穴不會變掛壞事。

向東吳通好修盟，他讓心腹費禕充作使節，因爲費禕對他言聽計從，可以把他的外交路線毫不走樣地加以貫徹。

陷敵陣、除內奸，他要委之於張飛、趙雲、馬岱等爪牙之士，因爲他們不僅對他忠心耿耿，而且悍勇善戰。

當然，作上司的選擇人作「心腹」、「耳目」或「爪牙」，也得有些講究，不能抓到籃子裡的就算菜。

作「心腹」的人不應是奉承迎逢的「馬屁精」，應是古道熱腸、足智多謀的賢士。

選人作「耳目」，應是那些機智聰明，善思考、明是非的老成人，而不是那些捕風捉影、無中生有打小報告的心術不正者。

選擇人作「爪牙」，應是那些「士爲知己者死」的勇猛實幹之士。

爲官做帥者能夠充分利用「心腹」、「耳目」、「爪牙」，發揮他們各自的作用，就可以算是掌握了作「領頭雁」的竅門。這樣，既有人幫助出點子、想辦法，又有人通風報信、提供可靠消息，還有吃苦耐勞的務實派眞抓實幹，那麼，你無論是爲官執政一方，還是領兵馳騁疆場，你都會無往而不勝，順利地達到目的。

三國的曹操可以說是一代英才，不僅武略超群，驍勇善戰，而且機智多謀。但並不因自己有本事而忽略得力助手的培植、使用。在他身旁，文武齊備，各色體己的人才圍著他轉。既有荀彧、郭嘉、呂虔、滿寵、程昱這班文臣謀士，又有張遼、許褚、徐晃這樣一些武將。「心腹」、「耳目」、「爪牙」各盡其用，使得曹操往往戰無不勝。

常言道：一個籬笆三個樁，一個好漢三個幫。爲官做領導者的，往往都是有膽有識、智勇雙全的能人。這樣的「好漢」要成得大事，擔得重任，還是需要「左臂右膀」的幫助。這是因爲，做官當領導的，即使本領再大，但個人的智慧，能量畢竟有限。他要領導一班人把事做好，求得成功，首先須有好的決策。如果能集中衆人的智慧，決策不就可少失誤或不失誤嗎?當然，作上司要作決策拿主意，還需以知己知彼，摸行情、通信息爲基礎。如果上司孤家寡人，無人通報信息，不得耳聽八方，眼觀六路，做出的決策，拿出的主意自然是與現實謬之千里。上司們即使拿定了好主意，把藍圖繪得錦上添花、宏偉無比，如果沒有人腳踏實地去實施，藍圖最終也只能是一張廢紙。

想想時下的某些領導者不精此爲官之道，最後吃力不討好，著實叫人遺憾。爲什麼，就是他們對部下不放心，不信賴，不肯與他們交朋友，聽不進他們好的建議，也不願收集他們提供的情況消息，而是自己相信自己，一切都自己決定，事無巨細都一一過問操持，最後弄得「衆叛親離」，部下都不願誠心與之合作，自己使出渾身解數，還是吃苦出力不見政績。

劉邦當年南征北伐，帶兵打下了江山。按說，劉邦對作戰打仗不是很內行，但他最後能取得軍事上的勝利，稱王作霸，根本在於能「將將」，即善統帥他戰旗之下的大大小小的軍事將領，在於他手下有一大批這樣的「心腹」、「耳目」、「爪牙」爲他賣命效勞、衝鋒陷陣，如：蕭何、韓信、張良等。

## 團結就是力量

俗話說：獨步天下，無以為偶。

又說：一個和尚挑水喝，兩個和尚抬水喝，三個和尚沒水喝。

在蜀漢集團中，法正可以說是一個難得纏、難合伙的怪人。他很有智術，曾幫助劉備入主西川，有開國之功，可他卻也有很多難於被人接受的缺點：斤斤計較個人的恩怨得失，專橫霸道，喜歡挾私報復。

曾有人向諸葛亮建議：「法正在蜀郡太霸道了，軍師爲什麼不轉告主公，煞煞這個傢伙的霸氣呢？」

諸葛亮感嘆道：「當初主公在公安，北畏曹操之強，東憚孫權之逼，近則又懼孫夫人生變於肘腋之下，正是在這進退艱難之時，法正來幫助主公，使之翻然翱翔，現在怎麼不讓他按自己的意願去做點稱心的事呢？」

諸葛亮這一席話，說出了自己容忍法正的事實原因，但更重要的是從大局出發，有其想法。一來法正是劉備倚重的功臣，二來法正是蜀中十分有影響的代表人物，在當時如果排斥、打擊他，不僅得罪於劉備，而且也不利於蜀漢集團內部的穩定、團結，更不利於蜀中新政權的鞏固；再說，法正富於機智謀略，團結他則能更好地利用他。

事實證明，諸葛亮團結一切可以團結的力量的做法，是明智之舉。

樹木多了，便成了森林；三人相加，便有了「衆」字的內涵；一根筷子易折斷，十根筷子抱成團；兩個巴掌合在一起，就可發出清脆的響聲……

無數生活現象、無數自然景觀，有力地揭示著一條眞理：合作就是力量！

所以，人與人相處，當有精誠合作的精神，當有相互團結的誠意，當本和爲貴的生活信念。

反之，吵吵鬧鬧，勾心鬥角，相互拆台，彼此攻擊，各不賣帳，使合作關係無法形成，結果只能如一個各拉各的調、各彈各的琴的樂隊，始終不能奏出氣勢磅礴的交響樂曲一樣。

俗話說：獨步天下，無以爲偶。

又說：一個和尚挑水喝，兩個和尚抬水喝，三個和尚沒水喝。

爲何「無以爲偶」？爲何「三個和尚沒水喝」？原因很簡單：合作精神的貧乏扭曲了人性，團結意識的淡化將人導入了誤區！

中國古代有則關於眼、耳、口、鼻的寓言，很是令人回味。

一天，眼、耳、口、鼻發生了爭執，各說各有能耐，各自認爲自己的作用巨大。吵吵鬧鬧，公說公有理，婆說婆有能，終於演至互不理睬，互不配合。沒有多久，它們很快嘗到了各自爲政的厲害，意識到了彼此失去對方的無奈，於是，相互之間又不得不和好如初。

的確，口能吃，眼能看，耳能聽，鼻能聞，各有各的長處。但是，它們的長處只有在它們的團結合作才能顯示出來；如果相互分裂，彼此不和，縱有一技之長，最後也是枉然無用。

所以，人處世上，當儘量團結周圍人，與人爲善，廣結朋友。這樣，多個朋友就多條路，多分合作就多份力量。

昔時孟嘗君很能團結人，上至諸侯將相之流，他能使出法子籠絡他們；下至引車賣漿、雞鳴狗盜之徒，他也不嫌棄他們，坦然地把他們拉來合作。所以，在秦關受阻、有性命之虞時，他能借助那些雞鳴狗盜的「特技」表演矇混過關，使自己虎口脫險。

# 治國之道

# 治國之道

君主以施捨下人為仁慈，臣民以奉事君主為禮義。心懷貳意不可事君，疑難的政事不可授給臣下。君臣喜好禮義，百姓就容易驅使。上下和睦相處，君臣之間的道義就具備了。

君子用禮義統馭臣子，臣子用忠貞之心侍奉君主。作君主的就當謀其政，作臣子就當理其事。政就是正名，事就是建功。君主努力治理國家，臣子勤於謀事，那麼取得功績和名位的方法就都具備了。

——諸葛亮《便宜‧君臣》語譯

## 務本

無論何事待辦，只要抓住了根本，其它問題就可迎刃而解。

一副魚網雖大，但只要握住了網繩，整個魚網的網眼就會張開。

文章寫作不易，但只要抓住了中心思想，不跑主題，那麼，寫出的文章就算成功了一半。

無論做什麼事情，只要抓住了根本，其它問題就可迎刃而解。

治理國家，尤其是如此。

治國怎樣才算抓住了根本呢？

諸葛亮在《便宜·治國》中曾如是說——

治國之「本」就是處理家大事的法則，是君臣百姓的行爲準則。

治國不失這種法則，首先就得模擬天地的客觀規律，使君臣百姓各安其位，各守其分。

事物起源於天地，有了天地才有天下萬物。故天下萬事萬物，沒天不生，沒地不長，沒人不成。

依此，國家不可無君主，不可無臣相，不可無百姓。

但重要的是，君臣百姓在國家中的位置不可亂套，不能顚倒。

如果說君臣百姓都是天上的星星，那君主只能是北極星，臣相只能是北斗七星，百姓只能是衆宿星了。

諸葛亮還說：國家之查本法則的制訂和施行，不可違背客觀規律，要適當，要適用。

圓孔的鐵鑿不能配上方形木柄，鉛製的刀不可用來砍伐樹木。這是因爲，違背了客觀規律，就會適得其反；超越了工具的使用範圍，工具就不能發揮作用了。

治理國家，依照法規；而這法規又用得其所，發揮作用，那麼，治理國家的人就可以算是抓住了「本」。

## 舉賢求安

修身的關鍵，在於養育精神；如此方可求得長生。
治理國家的關鍵，在於選賢授能；如此方可求得久安。

治國猶似治身。

國家好似一幢大廈，君主猶如大廈之樑。一屋之樑很重要。但樑無論怎麼堅實，巨大，沒有樑柱的支撐，不可雄立起來。

所以，一國之主的君王無論怎樣偉大、非凡，沒有衆輔臣的幫襯，也仍是孤掌難鳴，想必也抖不起威風，顯不出英雄的氣概來。

屋樑靠樑柱支撐，但樑柱不可不堅，不可不粗；弱不經風，細如枯枝，屋樑不免要墜地，大廈不免要倒塌。

君王靠輔臣來佐助，但輔臣不可無才，不可缺德。迂腐無能、奸邪不軌，君王不免失助，國家不免亡毀。

所以，作爲一國之相，諸葛亮十分重視人才的選用，將此作爲治國的首要工程，視爲國家求安圖強的百年大計。

在隆中向劉備分析曹操之能戰勝袁紹時，他就把「人謀」問題看成是治國之要。

在成都執政時，特別在成都之南修築高台以延接四方之賢士。

他在《出師表》中，曾極力舉薦賢智良實、志慮忠純的費禕、董允及性行淑均、曉暢軍事的向寵。

在選用人才上，他曾反覆勸誡君臣上下：「爲人擇官者亂，爲官擇人者治」；「親賢臣，遠小人。」

縱觀中國歷史，大凡有所作爲的國君，無不把賢才的舉用視作立國的根基。

周公當年求賢若渴，禮遇良才，曾有「一沐三握髮，一飯三吐哺」的美談。賢士來，洗浴之中三次握髮出來迎接，用餐之中三次放下飯碗出來招待，圖的是什麼？不還是爲了「使天下英雄盡入吾彀中」！還不是爲了國家長治久安，繁榮富強！

三國鼎立之時，魏國的曹操心地陰險，處事毒辣，可對待有用的人才還挺看重，很客氣，曾三次發出「求賢令」廣招天下賢士，還三令五申要「唯才是舉」選拔人才。因此，名士趨之若鶩，良才歸之如云。

重才者興，輕賢者亡。無數的歷史事實已驗證了這一條公理。

「海不辭水，故能成其大，山不辭土石，故能成其高。」領導者，尤其是一國之主，要成就大事業，當然應有海一樣的胸懷，山一樣的氣魄，容得了賢士，載得下良才。

治國安邦，領導人必須要招攬籠絡人才；但招攬籠絡人才並不是靠空口說白話就能成事，而首先要靠領導者的虛懷、竭誠。

燕昭王當年求賢不得，賢士郭隗便講了一個有趣的故事啓發他。

從前有個國王欲求千里馬，便派人四處尋訪。一臣子在一遙遠的地方終於訪得一匹，等這臣子趕到那裡時，千里馬已死了。那臣子便用重金買了這死馬的首級歸來回覆王命。

國王見到這馬頭，便責怪臣子不該花錢買個死馬頭回來。那臣子不以爲然，分辯道：「陛下不是很希望得到千里馬嗎？我花錢買下馬頭就是爲您的這種目的著想。現在陛下如能花大價錢買這死馬，表明您求馬心切、心誠。世人一定會認爲您能花錢買個死馬頭就更能不惜重金買活馬。到那時，何愁天下沒有千里馬送來呢？」

果如其言，不出三月，那國王就得到了幾匹千里馬。

郭隗講完了這個故事，便對燕王說：「我雖不賢，但您如果能對我這樣不賢的人厚禮相待，相信天下的名士會望風而來。」

燕王按他說的做了，不久就有不少賢才慕名而來：樂毅從魏國來，郭衍從齊國來，劇辛從越國來。

可見，招賢納士，少不得示世人以求賢的誠意。

諸葛亮曾說：「直木出於幽林，直士出於衆下。」

的確，賢能之士往往蟄伏於普通民衆之間，所以，無論君王，還是一般官員，要選賢納士，應把眼光投向「基層」，要深入到那些被人遺忘的角落去發現。這樣，君主和一般官員就擁有了豐富的人才寶庫，眞正的人才就可以從中獲得。

上古時期，堯帝選賢於貧賤之中，終於從泥巴田裡發現了「泥腿子」舜，大膽起用他，舜就成了有名的賢君。

殷商時代，傅說身爲奴隸，爲人打夯築牆，武丁舉賢於衆下，將其提拔，由此獲得了一代賢國相。

春秋時代的百里奚，曾被楚人捉出放牛，秦穆公耳聞他的名聲，不以其賤看輕他，花錢將他贖回秦國，拜爲相。後來此公爲秦穆公成就霸業。

自古英雄多磨難。作爲一個領導者如能不拘一格地從身遭坎坷、位處貧寒的普通人中選人用人，往往是能得到眞正的英雄的。

求取人才、委用人才，領導者當然還應給人才一些相應的待遇，如此，方可調動人才的積極性。眞正的人才看重待遇，倒不是貪名圖利，而往往是把待遇看作自己價值的體現。人才也是人，也有求得心理平衡的需要。領導者起用他，但不給相應的待遇，那他也必然會這樣想：如此便宜地委用我，難道我就這樣不值錢！

選用人才必予相應的待遇，諸葛亮曾打了個比方說明這道理，很有意味：求取賢才，應當不惜重禮。這道理就像嫁女娶妻一樣，從來就是抬頭嫁姑娘低頭娶媳婦。閨女嫁人絕少見有倒貼錢財而願做人家妻子的。姑娘喜愛聘禮，往往不是貪財利，倒是以聘禮顯示自己的身價；賢士喜愛重禮，往往不是圖錢財，而是以重禮顯示自己的英名。

## 私不亂公，邪不干政

飯菜餿腐變質，往往是從細菌蠅蛆的侵入開始；
人體的沈疴重疾，往往是從病毒的肆虐其間發端；
王朝的腐敗禍亂，往往是從奸黨佞臣的弄權干政起步。

漢代，「十常侍」朋比為奸，專橫跋扈，把個皇帝老兒盤得神昏志憒，不理朝政，終致天下大亂，使王朝很快就土崩瓦解。

宋代，奸臣秦檜專權，欺壓忠良，賣國求榮，終致宋朝的大好河山落入了異族的手中。

明代，嚴嵩父子狼狽爲奸，操縱國事，侵呑軍餉，荒廢邊防，妄殺異己，鬧得朝野上下烏煙瘴氣，國無寧日，民無安時。

千里之堤，潰於蟻穴。國家要繁榮，民族要強盛，事業要發展，就應除惡鋤奸，就要從領導集團中消滅蛀蟲，淸除敗類，使私不亂公，邪不干政。

這樣，領導集團就存在著一個罷免官員的問題。

怎樣罷免？

諸葛亮認爲，罷免官員，務必知道老百姓所苦惱的事情。這苦惱的事情常有五種：

・小吏假公濟私，以權謀私，左手拿戈矛，右手撈錢財；在內侵占公物，在外搜刮民財。

・執法者執法不能一視同仁，讓無罪之人蒙受不白之冤，使重罪之人逃脫法網。扶強懲弱，嚴刑逼供，不斷製造冤假錯案。

·長官放縱犯罪的部下，誣陷上訴申告的百姓，隱藏眞情，敲詐勒索，軟硬兼施，害死人命，致使冤情得不到昭雪。

·長官不斷更換，副官掌握大權，徇私舞弊，袒護包庇親朋，壓制誣害異己，行事專橫無禮，逾規越法，徵收賦稅時廣泛攤派，從中漁利，攀附權貴，勞民傷財，謊說儲備而鯨吞之。

·拿官職作交易，謀求私利；對於賞賜的費用，多加減裁，使部下不能盡心盡力。

對於犯有上述「五事」中之一事者，當嚴懲不貸。如此，國家政治方可清明，領導階層方可純潔，社會長治久安就不會是夢想了！

## 撥亂反正

一個國家就像一輛大馬車；一國之君主就像駕車的車把式。車把式稍有不慎，大車就會不照正路走，就有顚覆翻倒的危險。

一旦遇有這種危險，該怎樣把這「車」趕上正道呢？

諸葛亮曾提出了撥亂反正的幾個方針：

·應減少官員，合併職務，給臃腫的政府機構「減肥」，除浮華之氣，而倡樸質之風。

·遵循「沒有規矩，不成方圓」的原則。方不失矩，本不失末，當權者將治政的根本規則牢牢記住，則萬事可成，其功可保。

·理順整個社會關係，整頓整個社會秩序。王朝因腐敗而出現禍亂，天下百姓就有人乘渾水摸魚，違法亂紀，胡作非爲。收拾爛攤子，就得拿這些人開刀，然後使天下百姓各安其位，各守其分，安居樂業。

•穩住軍隊。軍隊發生變亂，則天下紛爭，強者稱雄，各拉各的人馬，各打各的旗幟，各占各的地盤。於是，天下就會四分五裂，大魚吃小魚，小魚吃蝦米的爭鬥就會鬧得不可開交。所以，國家有亂，作爲君主，千萬要把握緊軍權，不可使軍隊各敲各的鼓，各吹各的號。

•整頓、治理要循序漸進。明君治政，當首治綱紀。然後，先治理內部，再整頓外部；先治理根本，再整理末端；先治理強者，再整理弱者；先治理大的，再整理小的；先治理自身，再整理別人。這樣，抓好了綱，就使法紀伸張；治理好了法令，就使刑罰得以實行；抓好了跟前的事，就使遠處的事迎刃而解；治理好了根本，就使末節之事通達無偏；治理好了強者，就使弱者順服；治理好了大的，就使小的得以發展；治理好了上邊，就使下面的正直；治理好了自身，就使別人恭敬。

# 知人善任

軍隊出兵作戰，必定有各種幕僚為將帥出謀劃策。他們集體商討，探究得失，給將帥提供參考。有的幕僚口若懸河，善謀能斷，見多識廣，博學多才，這是萬人中最出色的人才，將帥就應把他聘作上等幕僚；有的幕僚勇猛如熊虎，敏捷若猿猴，剛毅如鐵石，銳利如刀劍，這類幕僚是一時的英雄，將帥可以把他們聘作中等幕僚；有的幕僚在多次謀劃中能偶爾提出正確意見，但技藝淺薄，才學平常，只具有常人的能力，將帥可以把他們聘作下等幕僚。

——諸葛亮《將苑・三賓》語譯

## 各因其能而用之

用人，當然要用其所長；
要用其所長，須先了解、摸透被用者的「水性」。

當官最要緊的是腳踏實地，真才實幹。

怎麼才算腳踏實地、眞才實幹？是不是要大小事情都一肩挑了、一手辦了？當然不是。

一般說來，應當是除了把自己職責範圍的事辦妥，根本還在於調動每一個部下的積極性，說到底，就是要會用人。

用人，當然要用其所長；要用其所長，當然首先要了解、摸透被用者的「水性」。

有的人腦瓜子靈，卻行動遲緩，領導者就可讓他幹些出點子、用心竅的事；有的人大腦反應慢，但意志沈著堅毅，當領導者的就可讓他做些呆板事；有的人心細，就該他做些精細活；有的人心粗，就該他幹些出力之類的事……

諸葛亮是個能用人之長的行家能手。他能用人之所長，首在於他能知人之所長。根據自己的摸索、觀察，他曾把手下專長各異的將領分為九類：

·仁將　能用道理、禮法管理部隊，關心部下冷暖，與之同甘共苦者

·義將　做事能從長遠著眼，同時不為名利所累，以獻身為榮、苟活為恥者

·禮將　屢建功勳而不以此自傲、性情剛烈又能忍辱負重者

·智將　戰術靈活多變、遇事足智多謀、能轉敗為勝、轉危為安者

·信將　對戰鬥中英勇殺敵的將士予以獎賞，對臨陣怯戰、膽小怕死的將士予以處罰，處罰又公正嚴明，不論貴賤者

·步將　行動敏捷、氣概豪邁、善操兵器，固守陣地者

·騎將　能攀高山，行險地，善騎兵，會射箭、進攻衝在前，撤退走在後者

·猛將　氣蓋全軍、小仗打得認真，大仗打得勇猛者

·大將　對賢士能虛心請教，接受他人的意見，寬厚而又剛強，勇猛而又多

謀者

諸葛亮用將，不僅能先知將領的「三板斧」，用兵同樣也能先曉兵士的幾把「刷子」。

他曾按性格和技能的不同，把手下兵卒分爲六大類：

- **報國之士** 好鬥樂戰，敢於進攻頑敵者
- **突陣之士** 氣蓋三軍，身強力壯，勇猛善鬥著
- **搴旗之士** 健步如飛，奔跑似馬
- **先鋒之士** 善騎善射，箭無虛發者
- **飛馳之士** 拙於騎而善於射者
- **攻堅之士** 善於使用強弩、儘管射程不遠但百射百中者

諸葛亮不單是能知手下將士的「斤兩」，了解他們的脾氣、性格、能耐，還能因其材而選擇之，因其能而使用之，就像一個深諳馬性的馬夫。

楊戲，從事司法工作是把好手：典刑斷獄，論法決疑，「號爲平當」，公允。頗有「信將」之才。儘管他很年輕，二十掛零，是個嘴上沒毛的小伙子，諸葛亮還是讓他當了督軍職務；

鄧芝、董恢，能言善辯，機智善變，頗有「智將」之能，是塊從事外交的料子，諸葛亮就讓他們作說客，出使東吳，以修盟好。

姜維，兼有「智將」、「仁將」、「猛將」之長：忠勤職守，思慮精密，又通曉軍事，深解兵意，是個擔當重任、指揮全盤的角色，諸葛亮就委以中監軍、征西將軍的重職。諸葛亮撒手歸西前，還留下遺言，讓他承擔北伐中原的重任。

事實證明，諸葛亮正是善於擇才，用人，使所用之人揚其所長，避其所短，充分發揮各自的作用，才得以經常立於不敗之地。

用人能用其所長，就像把好鋼用在刀刃，適得其所，鋒利無比。劉邦當年能將驍勇善戰的項羽打得落花流水，很大原因就在於他善用人之所長。

張良能「運籌帷幄之中，決勝千里之外」，是個出謀劃策，當參謀作軍師的料，劉邦就讓他幹出主意、想點子的差事。

蕭何「鎮國家，撫百姓，給饋餉，不絕糧道」，是從事後勤、當管家的一把好手，劉邦就充分發揮他這方面的優勢，讓他理財，掌管內政事務。

韓信能「連百萬之軍，戰必勝，攻必取」，對於用兵打仗的事十分老道，劉邦就使他帶兵馳騁疆場，衝鋒陷陣……

劉邦把這些各有一己之長的將士統領起來，讓他抱成一團，爲己所用。這樣，一些各有所能，各有所用的人中之龍組合成一個集團，就如一把鋒利無比的尖刀，那剛愎自用的項羽縱有天大的本事，也無法抵擋。

做官當頭兒，即使自己某些方面的能耐差些，只要會差使人，且能用人之長，同樣能把事情幹好，這好像跛腿的人單獨走路不便，但會用拐杖扶持同樣可走好路一樣。

當然，做官當頭兒的，其本身有本事，過得硬，再如能善用人，且用人之長，那就如火藉風勢，如老虎添翼，更是了不得。

## 疑人不用，用人不疑

女為悅己為容，士為知己者死。

下級之於上級，亦如此理。下級一旦把自己的上司視作貼心人，長相知，自然會是豁出性命為其效力了。相反，上、下級之間相互猜疑，特別是上級對下級，既任用其人，又像是放心不了，隨事「欲抱琵琶半遮面」，留一手防著，這樣一來，下級更是心存芥蒂：既然不信任我，何必幹得那樣起勁呢？

因此，英明的領導人一旦獲得了可信的人才，總是放心放權地大膽使用他，讓他極大限度地發揮聰明才智。

古代賢明的君主大都很懂用人不疑的道理。諸葛亮曾在《將苑・出師》中描述過，古代賢君在將士出師儀式上的神聖「表演」，把先賢「用人不疑」的主題宣示得淋漓盡致。

齋戒三天後，君主與其所選的賢能將士共進祖廟。君主朝南而立，將士面北而站。

在莊嚴肅穆的氣氛中，朝中太師手棒一把象徵權力的大斧恭恭敬敬地獻於君主，君主接斧即授於將帥，並情意殷殷、誠心百倍地對將帥說：

「從現在開始你就去軍中，一切軍機大事由你掌管、指揮。」

接著又命令道：

「發現敵人勢力單薄就發起進攻，發現敵人強大就後退。不要以爲自己居高顯貴就輕視旁人，不要以爲自己有獨特的見解就不聽別人的意見，不要自恃功勞顯著，不要失去忠誠信義……。」

將帥受命後，便打開北城門，率領軍隊踏上征程，君主送至北門，半跪在地上推著將帥的車輪說：

「進攻和撤退一定要把握住時機，軍中一切事宜，就全交付你處理，不必聽命於君主了。」

對這瀰漫、籠罩著君臣互信，上下相倚的情調與氛圍的古老的出師儀式，諸葛亮曾感慨不已，由衷地嘆喟道：

「像這樣，將帥就上不受天的制約，下不受地的拘束，前不懼強敵，後不憂君主，也就會在外戰勝凶敵，在內主功受賞。」

的確，用人者用其人又疑其人，就自然少不了在被用者身旁增設防線；在給被用者的權力的時候，自然少不了打些折扣。其實，這無異於給被用者「劃地爲牢」，給其手腳加縛繩索，這樣，被用者，時時處處得像裹足的小腳女人那樣謹慎邁步，得多個心眼戒備，以免誤入「禁區」，犯顏獲罪，如此，被用者哪還敢壯著膽子地大刀闊斧幹事業？

用人者對被用者只有以誠相待，把被用者當作至親，當作朋友，把重任委以被用者的同時，還把一顆赤誠的心掏給他，這樣，被用者哪有不拚死效力的？大凡人都是這樣，你敬我一尺，我敬你一丈；你把眞心掏給我，我把肺腑獻給你；你投之以桃，我報之以李。

平常人之間尚且如此，更何況用人者與被用者是上下關係！上對下委以重任，示以信賴、眞誠，下對上的知遇之恩哪還有不感恩戴德、感激涕零的？對此，古代無數忠臣義士以其盡力竭節、肝腦塗地的壯舉作了注解。

春秋戰國時的魏國就曾出現過這麼一位忠臣義士，他叫樂羊。

魏文侯欲伐中山國，便派樂羊率兵出征。

叫樂羊帶兵動刀弄槍攻城，衝鋒陷陣殺敵不是件難事，而難就難在他的兒子也是敵營的一員，而這難事又給他帶來了許多麻煩事。

征伐中山國，樂羊覺得用圍而不攻的方法較妥當，便連續幾次推拖了攻城的期限。

這下就招惹了不少是非：按照常人的看法，樂羊一直按兵不動，肯定是骨肉之情在作祟，是怕攻下城池傷著了兒子。

於是流言蜚語如污水一樣潑來，那些平時嫉恨樂羊的臣僚們便一個接一個地到魏文侯面前告樂羊的刁狀。

幸好文侯的耳朵根子硬，沒有聽信讒言，仍叫樂羊督軍作戰，並把那些煽陰風、點鬼火的告狀信鎖進了一個匣子裡。

樂羊圍城三月，見中山國不曾有投誠降服的意思，便發起攻勢。那中山王也精得很，抵擋不住攻勢，便玩起攻心術，殺了樂羊的兒子，將他兒子的肉煮了一罐湯送給他，企圖讓他寒心卻步。哪知樂羊是條漢子，接過中山王派人送來的肉湯，狠心地飲食了。並說不攻下中山國誓不罷休。

中山王感到無計可施，末日已到，便自殺身亡，中山城終於被破。

樂羊凱旋而歸，文侯便將那個密封的匣子送給了樂羊，樂羊打開一看，吃驚不小，原來裡面都是些告發自己的狀子。

樂羊感慨萬千，嘆道：「要不是大王信任我，不聽信讒言，我也許早就見閻王了！」自此，樂羊對文侯更是感激不已。

要做到用人不疑不是簡單事，它需要用人者有眼力，有主見。試想一下，如果當初文侯沒有自己的頭腦，聽著風便覺是雨，那樂羊的頭顱不是早就搬家了？那豈不是要造出一宗冤假錯案，讓陰間多出一個冤魂？那哪還能談拿下中山國，大勝而歸？

## 馬不必騏驥，只要會跑就行

用人當不拘一格，不必面面顧及。

購買商品，不必要講究是否名牌，只要適用就行。

騎馬不一定非要名馬不可，只要馬能跑得快就行。

作領導，選用人才，提拔幹部，也須懂得這些道理，用人當不拘一格，不必面面顧及。

不管是白貓、黑貓，只要能抓住老鼠就是好貓。

諸葛亮深知此理，只要是對蜀漢事業有用的人才，哪怕是有這樣或那樣的毛病，最後還是予以啓用。

三國蜀漢集團中有一個是非人物，名叫魏延。這個人物的性格很複雜，很難給他一個確定的評價，說他很有本事吧，也不是；說他沒能耐，也不妥；如說他品行端莊，也談不上，他常懷叛逆之心，愛搞小動作，時刻想著篡權奪位；如說他卑鄙可恥，也像不恰當，他只不過是頭生反骨，愛跟人頂撞，愛跟人鬧鬧彆扭而已。這麼一個優點、缺點集於一身的將領，諸葛亮卻大膽委以重任。

費禕出使東吳時，孫權曾評價魏延說：「此人勇有餘，而心不正。若一旦無孔明，他必為禍。——孔明難道不知道嗎？」

後來，費禕將孫權的話轉告了諸葛亮，諸葛亮長嘆一聲道：「吾非不知此人。——為惜其勇，故用之耳。」

可見，諸葛亮對魏延這個「心不正」的人予以起用，正是看在他「勇」這一點上。

的確，選用、提拔人才，不可求全責備，不可斤斤計較於人才的某些短處、缺點，只要人才對你有用，能為你幹實事，就不妨大膽使用，何必不求有功，但求無過呢？

春秋時期的齊桓公很明白這道理，他便得到了寧戚這麼一個有用的人才。

寧戚開始是從衛國來投靠齊桓公的。齊桓公對他有些了解，便準備重用他，讓他協助自己處理國家大事。但朝廷裡的大臣們到處散言蜚語，說他這不好，那不行，還說：「寧戚是衛國人，衛國離齊國不遠，可派人去調查一下，看他是否有什麼毛病，如果訪得是個眞正的賢人，再啓用他也不遲。」

齊桓公說：「不能這樣做。我也曾擔心他有過失，有缺點，但要知道，賢士不必一定像聖人，毫無毛病，只要有才智就行了。如今很多人斤斤計較那雞毛蒜皮的缺點而忽視他本質上好的一面，如果聽信這些人吹毛求疵的話，那就永遠不可能得到有用的人才了。」

於是，齊桓公立即點燈，大擺筵席，親自宴請寧戚，並請他擔任齊國的相國。寧戚擔任了齊國的相國後，多次聯合各諸侯國，促進了天下的安定統一。

賢士不必像聖人，只要有才智就行。齊桓公看人、用人的這種觀點，確實値得推崇。

# 樹立領導者的權威形象

將帥要有良好的自我修養。其高風亮節要足以影響社會風氣。尊敬長輩，保護弱小。守信講義，勤勉於事。

身為將帥，當力戒「八惡」。

論謀略，不能不判別是非；

論禮義，不能不舉賢授能；

論施政，不能不端正法紀；

求富裕，不能不接濟貧窮；

論才智，不能不防患未然；

論思慮，不能不防微杜漸；

顯達時，不能不舉薦從前了解的賢人

失敗時，不埋怨他人，推御責任。

——諸葛亮《將苑‧將強》意譯

## 牢牢掌握印把子

當官用「權」，是一門學問，更是一種藝術。

自古以來，世人很少有不看重「權」這個玩意的。且不說那些已入仕途的人們爲了大權在手而一個個成爲「烏眼雞」，鬥得不可開交，鬧得神經兮兮，甚至賠上身家性命，就是那些未曾有一官半職的平常百姓，爲了這「權」，也有很多人削尖腦袋往那官場裡擠，擠不進時還要拚命奉承、巴結那些權柄在握者。

權，的確是個寶。它可使你春風得意，可博得部下的尊敬，可爭得百姓的畏懼。

因此，對於爲官作將者來說，其他的東西可看輕，「權」這個寶劍的把柄不可釋於手。

諸葛亮是一個澹泊名利的儒雅君子，可他也並沒有澹泊到把權力視作洪水猛獸的地步。相反，他把緊握權柄看成是爲官作帥者樹立威信、有所作爲的先決條件。

他認爲：「權柄是否在握，關乎軍國勝敗存亡，是爲官作帥者樹立威信的關鍵。如果一個將帥能夠切實掌管軍權，掌握戰爭的主動權，那麼他帶領軍隊，就會如虎添翼，翱翔天下。如果將帥掌握不了兵權，就會像魚龍離開江湖，想奔濤戲浪，遨遊水中，那是不可能的。」

的確，無論是大官，還是小將，如果手中應有的權力不能緊緊地握在手中，要想有所作用，做一番事業，那只能是一種夢想。這道理很簡單。假如你是一個公司的經理，如果有職無權，在人事、資金等問題上根本當不了家，拍不了板，想你即使有千種妙策、萬個良方，最後也是很難把整個公司盤得轉，很難求得整個公司的經營的成功、發展。假如你是一軍之長，如果大權旁落他人，在軍中不能享有一個軍事指揮者部署籌謀、調兵遣將的主動權，想你即使有三頭六臂、文韜武略，最後也是很難克敵制勝，建功立業。

因此，當官爲將者，在自己的職責範圍內要想獲得主事者的絕對威信，就應該牢牢握住「權」這柄尙方寶劍。有了這，才有了立於不敗之地的護身符。

但是，權弄到手，如果不善使用，也會在權上翻「船」，輕者弄得身敗名裂，重者鬧得烏紗帽連同腦袋一齊丟掉。這時的權也就變成魔鬼了。

曾有這麼一位處長，論資歷，是一個參加革命有年、屢建功勛的老人；論能力，精明幹練，處事有方。在他為一處之長時，不僅善於謀權，而且更會用權。該他權限範圍內拍板的事，他絕不含糊，一錘定音，大膽果敢；不該他拍板的事，他絕不拿雞毛當令箭，瞎發號、亂指揮。於是，很得頂頭上司青睞、賞識。不久，一個廳長的肥缺就被他頂上了。也許是手中的權柄大了，他有些飄飄然；漸漸「抖」起來了，似乎覺得廳中事無巨細都應由自己點頭允可方能顯出自己廳長大人的尊嚴來，於是獨斷專行，說一不二，最後鬧得部下恨之入骨，群起而攻之，也使他的上司大為不滿。最後，此公的結局頗有些悲劇意味：一張調令把他送到了原有的處長的位置上；官「貶」了且不說，還時不時招來旁人的冷嘲熱諷，弄得最後連在公眾場合拋頭露面的勇氣都沒有了。

由此看來，用權確實不易。

因此，當官用權，應是一門學問，一種藝術。掌握了這學問、這藝術，能夠善操權柄，不偏不倚、頗有分寸地使用手中的權力，那麼，在宦海行舟，就會顯得一帆風順，而不致觸礁翻船。

總之，權力，既是個好東西，又是個壞東西。在野心家那裡，它是作惡多端的魁首；在賢德良才那裡，它是斬惡扶正的寶劍。用得好，可造福；用得不好，可致禍。

## 將在外，君命有所不受

為官做帥者動用手中的權力，固然不能超越限度；但在瞬息萬變的局勢裡，還得有敢於假權於己的氣魄，邁出權力圈圈的束縛，做一萬全的決策。

在三國鼎立的歷史舞台上，曾出現過令孫吳軍事集團遺憾不已的一幕：赤壁大戰後，孫權欲奪回荊州，便依周瑜之計，以聯姻爲餌引誘劉備上鈎，趁機扣住劉備，迫使他拱手交出荊州。哪知諸葛亮將計就計，讓劉備去東吳完婚，接著又巧設妙計讓劉備找了個藉口攜孫夫人雙雙出逃。一塊肥肉到了嘴邊又溜掉，孫權聞訊大怒，即令陳武、潘璋二將前去追捕。二將去後，老將程普便向孫權說：「孫夫人自幼好觀武事，嚴毅剛正，諸將皆懼。既肯順劉備，必同心而去。所追之將，若見郡主，豈肯下手？」孫權便抽出自己身上所佩之劍，命令蔣欽、周泰二將說：「你二人將這劍拿去取劉備及我妹的頭來！違令者立斬！」事情後來被程普老將所言中：陳、潘二將追上劉備及孫夫人時，被孫夫人罵了個狗血淋頭，兩個畏畏縮縮，不敢下手，只好放了他們一條生路，等蔣欽、周泰攜劍匆匆趕到時，劉備及孫夫人已逃得無影無踪了。

歷史的這一幕也眞夠驚心動魄的！從表面看出，劉備與孫夫人死裡逃生，似乎是陰錯陽差，天意使然。但仔細想來，劉備與孫夫人能從孫權的鼻子底下溜掉，卻也是不善隨機決斷的陳、潘二將助了一臂之力。想當初，如果陳、潘二將在使用手中的權力時來點將在外，君命有所不受，見機行事，一個「敢」字當頭，想那劉備及夫人即使有飛天的本事，也難逃此劫，最後也就不致於讓劉備如虎歸山。

這樣看來，爲官作帥動用手中的權力雖然不能超限、過度，但在情況複雜萬變的緊要關頭，還得敢於假權於己，敢於邁出權力圈圈的束縛，根據新的情況作出新的決策；否則，依葫蘆畫瓢，上司畫個墨自己打個眼，往往會錯失良機，不僅辦不成大事，甚至還會把事情弄得一塌糟。

由此，不禁叫人想起諸葛亮在《假權》一文中說過的一段大意如下的話：將帥關係著百姓的生死，戰爭的勝負以及國家的前途命運。如果君主不把賞罰的大權交給他，就像捆住猿猴的手腳，還要它騰跳敏捷；又好像是用膠水糊住它的雙眼，卻讓它去分辨顏色。如果把賞罰大權交給弄權的大臣，而架空了具體辦事的主將，人們將會謀取私利，還會有誰在疆場浴血奮戰、英勇殺敵呢？就是有伊尹、呂尙之謀略，有韓信、白起之才能，恐怕不僅難以建功立業，而且連性命都難得自保。因此，孫武說：「將帥出征打仗在外，對君主的命令可以不接受。」周亞夫也說：「出征的軍隊，只聽從將軍的命令，而不執行皇帝的詔告。」

爲官作帥，如果缺乏獨立意識、少點創新精神，只一味地仰仗層峰發號施令，按著長官意志亦步亦趨，充其量也只能算是個沒有主見的「傳聲筒」；這樣的人做官也許做到四平八穩，但充其量也只能算是無所作爲的「不倒翁」。到頭來他們害的是百姓，坑的是士兵。

一個對國家忠誠、對事業負責的領導，應當有點敢於假權的精神。

假權不等於擅權！

假權不是以奪權爲目的，不是以逞強賣能爲榮耀，不是以謀求私利爲歸宗。假權是一種靈活性、創造性用權的智慧，是一種應對不測、成就事業的藝術，是有膽有識、勇於負責的一種體現。

擅權者則與之背道而馳。它是私慾的母體中孕生出的怪胎。

因此，爲了大局，爲了事業，一個領導者在特殊的環境裡，在具體的問題上，按著自己當時的正確判斷、科學分析來點「抗命」行爲，來點自作主張，想必不會壞事；只要事業成功，不損大局，想必上司事後自可理解，說不定還會讚賞有加。

按照諸葛亮的看法，作爲上級，也當理解、認可「將在外，君命有所不受」

的合理性，應該多放點自主權給具體辦事的領導者，不要因爲部屬對自己的命令和旨意稍有「違抗」，稍有「修正」，就大驚小怪，就以爲部屬是在爭權奪利、分庭抗禮，是違反「天條」，犯上作亂。要知道，對部屬統得過死，扶著部屬走路嫌不穩還想抱著部屬走，豈不是累了自己，又窒息了部屬的創造力嗎？

## 威之以法

一切做官者，要想樹立領導者的權威形象，應該舉威務嚴，特別是在原則是非問題上馬虎不得。

提起諸葛亮治國治軍有方，法紀嚴明，人們總是不禁聯想起「諸葛亮揮淚斬馬謖」。

秦嶺之西，有個要道口，名街亭，是漢中的咽喉。司馬懿引兵出關，欲取街亭。馬謖便主動請戰，立下軍令狀去街亭防守。

哪知馬謖驕狂自大，自恃熟讀兵書，頗知兵法，既不顧諸葛亮在其臨行前的指教，又不聽王平的勸阻，而擅作主張，將營寨紮於山上。結果司馬懿引兵攻打，先令兩路兵士圍山，並斷了蜀兵的汲水道路，致使蜀軍山上缺水，無以為食，最後不戰自亂，丟了街亭。

對於這位違犯法紀的敗軍之將，諸葛亮儘管平時與他情同手足，但為著法紀的尊嚴，最後還是依法處斬了馬謖。

當蔣琬等人求刀下留人時，諸葛亮揮淚答道：「從前孫武所以能勝於天下者，用法嚴明也。今四方紛爭，兵戈方始，若復廢法，何以討賊？合當斬之。」於是令武士斬馬謖於階下。

諸葛亮如此作法，不免叫人想起中國的一句古話：「無度不丈夫。」

然而，正是這「度」，使他威望日隆，使他作為一個領導者的權威形象再一次放大了幾倍。

照這麼看，一個領導者要在部屬面前樹立起威信，多點大丈夫氣慨，當有諸葛亮如此之「度」。如此說，倒不是教唆作領導者的為人處事心狠手辣，暴虐無情，而是主張領導者對其部下要從嚴要求，依法辦事，毫不留情地處治違法亂紀之徒，從而維護法紀的神聖。

說到底，每個人都有人性；只要是有人性，那麼人的潛意識深處總不免隱藏有「惡」的孽種。這孽種往往是個「賤」東西，對它狠點，遏制它，壓抑它，乃至剪除它，它總是會乖乖地蟄伏於靈魂深處，或乾脆銷形匿跡，姑息它，放縱它，它自會是道高一尺，魔高一丈，如洪水，似猛獸，爲害無窮。

因此，一個領導者對於自己管領的形形色色的人等，如果隨時隨事都無原則顯出寬容大度，一如佛寺中那羅漢塑像總是笑口常張，表現出大肚能容世上一切的雍容溫雅，那麼，部下中那些缺乏自制能力的人，其靈魂中「惡」的孽種自然會乘機出竅，待到它滋長得勢，作領導的即使有回天之力，也難奈這些人何，這時的情形就有如出色的馭手難馴暴烈成性的野馬一樣。

所以，英明的領導者對待部下既要奉以慈母般的愛心，更要施以嚴父般的威勢。這樣，部屬對於領導者便可愛之，又可敬之、畏之。如此，領導者就算獲得威信了。

諸葛亮曾說：「一個將帥能使百萬雄軍垂首聽令，大氣都不敢喘一口，這是因爲將帥能以法紀嚴厲約束士卒。如果將帥不善使用刑罰大權，隨事當好好先生，無異於姑息養奸，士兵自然不講禮法仁義。像這樣，即使位居顯要，也不能避免倒台滅亡的災厄。所以，治軍就應像古代名將孫武那樣，不論貴賤高下，無分功臣小卒，只要誰不守法紀，就毫不留情地繩之以法，嚴懲不貸。」

說起孫武，叫人想起《史記》中記載的一段趣事：

吳王闔閭當年聽說孫武善於練兵，便選宮中美女一百八十人讓孫武當作士兵演練。

宮中的美女常居深宮大院，從未習過武事，要她們軍事化起來，那難度眞有如把笨拙的豬調教成能演馬戲的角兒。

演練開始了，情況確實糟糕透了：當孫武鳴金施令，要列隊的宮女看右手時，陣列裡傳來的卻是嘻嘻哈哈的笑聲；再要宮女們看左手時，情形又是如此。

孫武於是「三令五申而鼓之」，衆宮女們哪吃這套，仍然像是三歲孩兒做遊戲似地笑鬧個沒完。

這下孫武不再客氣了，先拿吳王最寵愛的、在隊列中充作隊長的妃子開刀，讓人立即將之處斬示衆。

眞是敬酒不吃吃罰酒！衆宮女見寵妃被斬，都乖了，孫武再鳴鼓發號時，衆宮女步調一致，動作劃一，全場鴉雀無聲，無人再敢談笑。

由這個有趣的故事來看，孫武的作法似乎接近殘酷，但在當時的情景下看，這「殘酷」是必不可少的。不然，那些嘻笑散漫的纖纖美女怎麼能被訓練成一支遵紀聽令的「娘子軍」呢？

所以，孫武在他自著的《孫子兵法》中說：「對於所帶領的士兵，懲罰他們必須謹愼。部下還不太熟悉情況，犯了小小錯誤，如果處罰過重，就無法讓他們心服，心不服則難差使。當然，部下已經非常熟練，如果有了過失而不追究，則就是過於縱容，過於縱容同樣也難差使。」

他還說：「對於部下，除了平時以溫情交往外，還要嚴明軍紀，秉公執法。這樣，軍隊才可無往而不勝。」

孫武演陣斬美姬的故事及上述言論，昭示著一個普遍性的眞理：一切做官的人要想樹立起領導者的權威形象，應該舉威務嚴，特別是在原則是非問題上馬虎不得，應當嚴點、「毒」點。

再看看今天的某些領導者，說話不兌現，處事得過且過，關鍵問題動不了「刀子」，來不了眞的，最後弄得威信掃地，部下沒有一個人「怕」，以致自己在台上三令五申說乾了口水，半天還不見底下人有伸手動腳的意思。這樣的「官員」應當知道：人都是有劣根性，再偉大的人，身上也潛伏著好逸惡勞、欺軟怕硬等「惡」的因子；這樣，你只有拉下面情，老著臉操起法紀這把大「剪刀」，將你部下身上那些隱形的「惡」因子剪除掉，就像園丁修剪旁枝餘葉一樣，那麼，部下也就不會再覺得你好糊弄、好對付，也就會敬你、畏你。到那時，你這個作領導者的就不難抖抖一呼百應的威風了！

## 打鐵先要本身硬

正人先正己。

管教別人先把自己管好。

他要求部下遵紀守法，而他也總是以「非法不言，非道不行」來約束自己；指揮失誤，導致馬謖丟了街亭，他便主動打自己的板子，上疏承擔責任，自貶三等。

他要求別的將士同甘苦、共榮辱，首先是讓自己的親屬也從不搞特殊化。諸葛喬是他的繼子，他也毫不關照地讓繼子率領兵卒在北伐途中押解轉運軍需物質。

他要求別的將領廉潔奉公，節儉思危，首先是他自己也從是兩袖清風，不使家有餘財，死了也不要隨葬器物。

先烙紅自己的指頭再去烙別人，他贏得了眾人的敬服、尊重。

如今，在很多人眼裡，做官是件容易事，發個號，施個令，上傳下達，只是幹幹「君子動口不動手」的營生。

其實，這是一種觀念上的錯誤！

當然，做官的經常要發號施令，要靠耍嘴皮子吃飯，難道僅此而已嗎？難道只是兩塊嘴皮子一張一合的肌肉活動就涵蓋了整個「官」的本義嗎？

答曰：否！當官的既要說，也要做，而且還得先從自己做起，還得事事處處做出表率，做出楷模。

只說不做，或者是說一套，做一套，這樣的人只能做一個庸官、污官，而永遠做不了一個令百姓敬仰，令部屬誠服、具有威信的好官。

在當代中國農村，曾流行著這麼一個順口溜：「村看村，戶看戶，群衆看幹部。」

群衆看幹部的什麼？自然是看幹部如何說，更重的是看幹部怎麼做。

上樑不正下樑歪。當官的念「歪」了「經」，做「歪」了事，部下和百姓自然是「以歪就歪」；相反，當官的要取信於百姓，要使部下聽命於己，從而建立良好的「領頭雁」形象，自然是應先自己規規矩矩，紮紮實實地做出個樣子來。

諸葛亮十分推崇當官者的表率作用，看重官員以身作則的榜樣力量。

他曾說：作爲統率軍隊的將帥，要使上下精誠團結，打硬仗，打勝仗，不光是要動腦筋部署、籌劃，制定方針、策略，更重要是要在眞抓實幹中樹起自己的高大形象，由此再指揮士卒爲之效力。因此，將帥不要以爲自己有能耐而傲慢自大，作威作福；對於有危難的部下，將帥應偶出溫暖的雙手去扶助；對於有冤屈的士卒，將帥要想法幫助昭雪，在戰鬥中繳獲的財物，將帥不可占爲己有；被俘來的女子，不可役之爲奴……如此在行動中首先顯出自己的高風亮節，顯出自己對部下的愛心，然後再去要求、指揮別人，軍中將士就會勇敢地衝鋒陷陣，效命疆場。

照這麼看，如果說當好官有什麼終南捷徑可走、有什麼萬應靈方妙策的話，那首先就應是：打鐵先來個本身硬！

曹操當年在軍中能享有較高的威力，大小將士都樂於爲他賣命，對他唯命是從，在很大程度上是因爲他能從自己做起，以此使將士心服口服。

在壽春城大戰袁術後，曾發生過這麼一件事：

曹操班師回府時，路經一帶麥田，曹操便傳令大小將校，不得踐踏麥禾，違者處斬。事也奇巧，曹操的坐騎受驚亂跑，踩壞了大片麥田。

事情發生後，曹操不願踐踏自己制訂的法紀，便叫來行軍主簿，要他依法處治自己，主簿不敢，曹操申明大義，說：「吾自制法，吾自犯之，何以服衆？」於是就要抽劍自刎，衆人勸說，便採取了個折衷的辦法：割髮代首。

三軍見此，哪個還敢拿雞蛋去碰石頭！

這樣看來，先做出樣子對當官的樹立威信、取得政績十分重要。

在台上說得唾沫橫飛，吹得水能點著火，還不如身體力行做一遭有鼓動性，有號召力。

嘴上吹得天花亂墜，講得振振有詞，做起來又另是一套，倒不如不吹不講不做。因爲這樣言行不一，無異在自己臉上寫上「僞君子」幾個字，讓人看了少不得唾幾口口水，還要在脊背後指指戳戳。

如果一個當官的嘴上把嫖娼賭博罵個狗血淋頭，整天苦口婆心地勸誡別人不要染此惡習，而自己實際上在這點上「硬」不起來，暗中卻樂於此道，那麼，別人豈不是要把他的諄諄教誡當成是一個臭都不臭一陣的屁？這樣的「官員」去抓賭禁娼，抓得了、禁得了嗎？相信賭徒嫖客們當面說上一句：「你灑泡尿照照自己的嘴臉」，想那「官員」只會是夾著尾巴灰溜溜地走掉。

自己的屁股流血自然是不可理直氣壯地給別人醫痔瘡。

當官做領導的，要想煞住不正之風，不讓別人行賄受賄，那麼，自己，就要經得起糖衣炮彈的侵襲，所作所爲就得顯出君子的凛然正氣。

做上司的要求自己的部下遵守作息時、工作紀律，上班不遲到早退、串門閒聊，那麼，做上司的就不可手奪燈盞——照人不照己！

州官不要百姓點燈，自己就不得在院中放火。

# 領導部下的藝術

教令之政就是上級對下屬的教化。作為上級來說，不是符合法令的話不應說，不是合乎道義的事不應做。上級的所作所為，是人所共睹的。不注重自身的修養而教導別人，這被稱作逆政。端正自己而教導別人，這被稱作順政。

——諸葛亮《將苑·教令》語譯

## 治人如養苗，先去其穢

「堯舜在位，連遠方的少數民衆都臣服貢獻；桀紂當政，國內諸侯都群起而攻之。這並非老天爺偏心，厚此薄彼，而是君子善於化育教導與否的結果。」

小孩兒往往視玩火為樂趣；把動刀棍看作英武、能耐。不小心，玩火自然可引起火災，動刀舞棍當然也會傷人毀物。不幸發生後，父母又打又罵，也許能收到管教的效果，但如果當初父母好言向孩子講明玩火取樂的害趣，說清耍刀弄棒的後果，讓孩子打心眼就知道這類事情的可怕，讓悲劇不釀成，豈不更好！

領導者統領部下，治理百姓，與父母管教孩子似有相同之理。要使部下正道直行，不犯錯誤，要使百姓馴馴服服，不造亂子，當官作頭兒的雖然可使用手中的權柄，大開「殺」戒，等一有誰犯事，拿起「棍子」敲他一下，也可讓天下太平一陣，但是，這只能算是一種補救措施。羊從破欄圈裡跑掉，事後再去修補欄圈，雖然也可避免再損失，但已丟了隻羊，畢竟不是一件令人痛快的事。

況且，等到有人犯了事，領導者再採取一些補救措施，或懲罰，或挽救，也不能總是見效。

煮飯不能一氣燒成，或夾生，或含漿，事後任你再怎麼煮，再怎麼燒，也是無濟於事。

患病後，打針，吃藥，回數多了，病人對藥物產生了抗體，再任你醫生有妙手回春的本事，也奈他不何。

所以，英明的領導者統領部下，治理百姓，就像明智的父母管教孩子一樣，總是把工作做在前，教化之，引導之，防微杜漸，防患未然，治標更治本，把一切不好的苗頭消滅在萌芽狀態之前，甚至乾脆徹底地鏟除掉一切生長醜惡、罪惡的種子和土壤。

對於這樣一些道理，作爲一個英明領導者的諸葛亮懂得多，精得很，他曾說：

「說起治理百姓的道理，當以風俗教化引導他們，讓他們知道該怎麼做，不該怎麼做。」

「宣揚道理仁義之美以化育百姓，則百姓知道在行動中遵從之；明示好壞善惡之區別，則百姓明白行爲該禁止什麼。」

「日月明亮，天下民衆才仰望它；天地廣闊，則萬物順應它。」

「堯舜在位，連遠方的少數民族都臣服貢獻；桀紂當政，國內的諸侯都群起而攻之。這並非老天爺偏心，厚此薄彼，而是君主善於化育教導與否的結果。」

「農夫培養禾苗，使禾苗茁壯成長，總是先把禾苗身旁的雜草鋤除掉。」

「當官的治人，就當如農夫養苗，先除其荒蕪的雜草。」

要統領好部下和百姓，不使誤入邪門歪道，首先教化之，引導之，確不失爲一種主動的有效的領導辦法。

你說病魔厲害、可惡，我給你打預防針，教你防止病從口入，與病毒絕緣，這樣不染病，不發病，豈不是皆大歡喜！

你說洪水泛濫，凶如猛獸，我先就修渠築堤疏導它，它還逞得起凶嗎？

諸葛亮當年治蜀，雖也注重嚴刑峻法之用，但更首重勸戒訓導之效。他曾作

「八務、七戒、六恐、五懼，皆有條章，以訓厲臣子」，讓他們知道何趨何避；曾安撫百姓，樹立榜樣，頒佈制度，顯示誠意，以淳化民風。歷史證明，諸葛亮的作法是英明的。

## 小善必錄，小功必賞

人，無論是三歲小孩，還是老於世故的成人，都有被賞識、發現、認可的需要。

一個小學生撿到了一支鉛筆或幾毛錢，毫不猶豫地交給了老師，老師不失時機地當著同學們的面表揚他幾句，他會高興得很，覺得臉上有了光彩。

一個青年學徒在工廠裡，在工作中刻苦鑽研技術，在生產工藝上不斷有點小小的發明創造，爲單位提高生產效率作出了貢獻，廠長此時就是不給他發成千上萬的獎金，而是當著全廠工人的面給他發上幾塊錢一張的獎狀，送他一頂不怎麼值錢的「青年獎章」之類的桂冠；相信那青年工人也會心裡甜滋滋的，越幹越帶勁。

人，無論是三歲的孩兒，還是老於世故的成人，都是這樣，都有被人賞識、發現、承認的需要，用現代西方哲學家的話說就是，人都有自我價值實現的慾望需求。

作爲一個聰明的領導者，諸葛亮十分懂得常人的這種心理需求，他深知不失時機地給部下的善行、功績，哪怕是小善小功，予以精神的或物質的獎勵，是一種有效的人心掌握術。

馬超在平定益州過程中深得劉備喜愛，不久被拜爲平西將軍。而鎮守荊州的關羽見此，心想自己遠鎮荊州做了不少事，才略、功勞不在馬超之下，但自己竟不如馬超得人承認，因而他的心裡有些失衡。

得知此情，諸葛亮連忙給關羽寫了封信，對關羽的功績、才具給予了充分肯定；說：「馬超雖然文武俱全，雄烈過人，可比之於西漢的勇將黥布、彭越，但與美髯公關羽比，還稍遜一籌。」

這封充滿肯定的信傳到關羽手中，使關羽感到了自己價值的存在，怨憤之氣一下就煙消雲散了。

街亭之戰前後，諸葛亮所派的各路大軍幾乎都出師不利，而只有獨自斷後於箕谷道中的趙雲所率大軍歸來時「不曾折一人一騎，輜重等器，亦無遺失。」按理說，趙雲的部隊能這樣，也算不上奇功偉績，只能稱作是尺寸之功罷了。但是，爲了鼓舞士氣，諸葛亮還是沒有忘記給他們記功論賞：一邊稱讚趙雲是「眞將軍」，一邊取金五十斤以贈趙雲，又取絹一萬匹賞賜趙雲的部卒。趙雲及衆士卒見此，無不倍受鼓舞。

照這樣看來，一個領導者對於自己的部下是不能粗心馬虎的。部下一旦做了件大好事，立了大功，做領導者的一般忘不了給予獎勵；可是，部下有了小小的進步，有些微不足道的貢獻、功勞，做領導者的往往容易忽視，不能及時給以彰揚，獎賞。這其實是領導者領導藝術欠缺的一種表現。

如果部下有點小小的功績，領導者能及時發現，並給予相應的鼓勵，在這部下看來，這是領導者注意了自己，看得起自己，賞識器重自己。部下也必然會這麼想：自己做了點不怎麼顯眼的有益的事情，領導者就這樣抬舉我；如果能有更好的業績，領導者豈不是更看重我。我為什麼不這樣好好幹下去？

可見，做為領導者，對部下小善必錄，小功必獎，足以收攬部下之心，是激勵士氣，調動部下積極性的一種有效的辦法。

漢武帝時有個叫張湯的很懂得這一套，因而政績顯著，很快由一個地方小吏爬到了副宰相的位置。

一次，張湯審理一個案子，最後送漢武帝批准時，武帝不甚滿意，便發回重審。

不久，張湯把重審的案子再呈武帝核准時，武帝龍心大悅，厚加褒獎。哪知張湯卻舉出自己部下的名字說：

「審這案子，我雖花了不少力氣，但還得我的衆部下的幫助。要不是我的部下某某某向我提了條好建議，也許案子就不會辦得如此漂亮。」那個被張湯點名讚揚的部下後來知道此事，內心十分激動。

張湯不抹煞部下一點小小的功勞，並不失時機地讚揚他，可以說是巧妙收攬人心的一種做法，不愧為一個深知統領部下的技巧的領導者。

這麼看來，諸葛亮曾把「小善必錄，小功必賞」作爲統領部下的一條法子加以推廣，不是沒有道理的。

## 先禮而後兵

人非聖賢，孰能無過？

諸葛亮以為：教令在先，誅罰在後。

偉大的人物在其一生中，爲人行事也有出差錯的時候。這正所謂駿馬也有失蹄之時。

自然，平凡之輩做事情更不會有前後眼，不可隨什麼都能明察秋毫；也更不可能具有眼觀六路，耳聽八方的本事，把一切都照應得滴水不漏。所以，常人做事出差錯，出紕漏也是情理中的事。

這樣，作爲一個領導者，應該明白這點，不能把部下都當作完美無缺的聖人，應允許他們犯錯誤。

但是，部下犯錯誤，出亂子總不是件好事，對於個人、對於集體都會造成一定的損害、損失；更何況有的部下犯錯誤，出亂子，是居心不良的故意所致。

這樣，領導者對犯錯誤的部下，就不可睜隻眼閉隻眼，放任自流了，得採取某些措施使部下儘量少犯錯誤，即使犯了錯誤也能及時改正，從而把損失減少到最低限度。

那麼，領導者怎樣對待犯有錯誤的部下呢？這裡面也自有些講究。

對於那些品行不端，圖謀不軌者因膨脹的私慾引起的錯誤，造成了巨大損失和不良影響，領導者自然不可心慈手軟，從嚴肅法紀，教育旁人起見，必須「殺雞給猴看」。

對於那些偶有過失，又未曾觸及法紀者當然應採取「治病救人」的方針，挽救之，教育之；對於那些犯有錯誤而屢教不改者，又當採取「先禮而後兵」的法子。

總之，對於那些未曾觸犯法網的犯錯者，首先不必一棍子打死，再踏上一隻腳；還得多從教育入手。犯錯人不吃這一套時，再不客氣地給他點顏色看也不遲。

這也就是諸葛亮所說的：「敎令在先，誅罰在後。」

這是一種近情理的明智做法。

人人都會有犯錯的時候，如果部下有人犯了錯誤，當領導者的就不問青紅皀白地一悶棍子將他打在地上爬不起來。長此下去，做領導者的豈不是要成光桿司令？有的人得了「病」，客氣地給他「打針吃藥」，「病」好了，照樣可以健康地做事。這樣，救了一條生命，領導者的手下又不喪失有生力量，豈不是皆大歡喜！

當然，有的部下「病了」，卻拒絕領導者給他「打針吃藥」，說明他執迷不悟，頑固至極，已是無可救藥了，領導者該是不足遺憾、憐惜地「斬」他，讓他戴著花崗岩的腦袋去見上帝。

三國時張裔原是劉璋的謀臣，因精明能幹，諸葛亮先後拜他爲巴郡太守、司金中郎將。但張裔這個人也有個毛病，就是心胸狹隘了些。他與大將楊洪本來是朋友，關係不錯，可就是因他的兒子張郁在楊洪手下被處罰過，張裔就有些受不了，與楊洪鬧起彆扭來，以致貽誤了一些事情。對於張裔的過錯，諸葛亮首先還是以批評教育爲主，多次給他寫信，動之以情，曉之以理，指出他的不足。後來，張裔還眞的被感動了，轉變了態度，糾正了錯誤。

對於部下中那些不思改過的老頑固，諸葛亮最後往往是寒著臉打板子，動眞格的。武陵臨沅人廖立當初被諸葛亮視作「楚之良才」，並委之重任。劉備死後，廖立對李嚴做了諸葛亮的副手極爲不滿，曾失去理智地在劉備梓宮之側抽刀殺人，以洩私憤。諸葛亮當時以新遭大喪，未便加罪。後來，還反覆勸誡他，說服他。但他利欲薰心，還是聽不進，並變本加厲地散布流言，誹謗諸葛亮所用的一些人才。諸葛亮見他死不改悔，再也忍無可忍了，便在建興二年上表彈劾廖立，終將他削職爲民。

## 與群衆打成一片

作爲領導者，恐怕很少有比贏得部下的信任、擁護、愛戴更快樂、更重要的事了。

部下信任你、擁護你、愛戴你，把心都掏給你，你這個作領導者的又何愁他們不爲你貢獻智慧、樂於效力呢？

那麼，領導者又靠什麼途徑達到這種境界呢？靠封官加爵？可惜官爵數量有限，不可能人手一份。靠獎錢賜物？錢財只買得了人的身而買不了人心。……

智聖諸葛亮說得好：不妨與部下打成一片，使部下既畏你，又愛你、敬你。

怎樣才算打成一片？

答曰：放下酸臭的官架子，放謙虛些，與部下同甘共苦，把自己與部下擺在同一地平線上，按照諸葛亮的說法，那就是——

「你如果是一個將軍，在行軍作戰時要與部屬同甘苦，共患難，打成一片，那麼，軍中沒有打來井水，你就不能說口渴；軍中的飯沒有弄好，你就不能說肚子餓；軍中沒有點火取暖，你就不能說冷；軍中沒有搭好帳篷，你就不能說困倦。」

總之，作爲一個領導者，你要求部下要做到的，你自己得能做到，事事處處能把自己視作大集體、「大家庭」中的一分子，一成員；在利益和困難面前，把自己與部下捆在一塊，抱成一團。這樣，部下才可親近你，而你身上就也會像安有磁鐵一樣，具有吸引力。

漢代大將軍李廣，雖位居高官，但他能與部卒同生死，共命運，與他們滾在一起，打成一片，士兵們吃什麼，他也吃什麼；士兵們喝什麼，他也喝什麼。作戰的閒暇之餘，他把自己看成是普通士兵中的一員，與衆士兵「混」在一起遊戲；或在地上劃軍陣對壘，或比試射箭以罰酒。

李廣如此做，並沒有降低自己大將軍的身分，相反，倒抬高了自己的品德，人格，倒增進了與部下之間的理解和感情，自己也相應在兵士中獲得了威望。因而與敵作戰，衆將士都能齊心合力爲他以死拼搏。

三國時的曹操，人稱奸雄，但總有那麼多將士甘願爲他賣命。個中奧妙何在？

仔細想來，恐怕是這位「奸雄」在衆將士面前大多時候不奸雄，能俯下威風凜冽的身子與衆部下摸爬滾打在一起，因而衆部下信他，服他，聽他擺佈。

當年曹操率著十七萬大軍與袁術軍隊戰於壽春城時，曹操一馬當先，來到城下與衆士卒一道攻城。攻城時需要搬運土石以塡塞溝壕，當有兩名大將因城上箭如雨下，不敢近前搬運，曹操見此，立斬這兩員大將，接著下馬親自接土塡溝。

這樣與衆將士同生共死以成就事業的風度，確實令人感動！在這樣的領導者面前，部下豈有不敬他、畏他，聽其指使之理？

作爲領導者，藏起「官」氣凌人的面孔，眞心誠意地與部下打成一片，領導者似乎把自己混同於普通百姓，失掉了領導者的身價，沒有做到一個領導者的統領作用。其實，這是一淺見。領導者這時雖然沒有腆著肚皮對部下指手劃腳，沒有吹鬍子瞪眼睛對部下發號施令，但他的統領作用卻在這打成一片中發揮得淋灕盡致。

因此，這是一種不露聲色的統領藝術，是一種看似無所作爲卻無所不爲的智者風範。

在這一點上，更多的人是一旦烏紗帽頂在頭上，就飄飄然，搭著架子撒官威，翹著尾巴亂打人，多了小人的驕橫，少了公僕的謙遜，時時處處把自己視作特殊公民，而與部下格格不入，更談不上與部下同呼吸，共命運。

可是，他們得到了什麼呢？

仔細想來，除了淺薄小人的那種淺薄的心理自我滿足外，恐怕再就是衆叛親離！

# 賞善罰惡

秦王朝昏庸無道，刑罰苛嚴，導致百姓怨恨，陳勝、吳廣揭竿而起。漢高祖劉邦吸取秦朝的教訓，採取了寬大的措施，取得了成功。你因此認為益州今日當緩刑弛禁，這是不對的。因為當今益州已歷劉焉、劉璋兩朝統治，他們只靠一些表面的文書、法令來維持天下，養成了相互吹捧的惡習，導致德政不施，威刑不肅。因此益州豪強胡作非為，君臣之道日漸廢替。這樣，用賞官封爵的寬容辦法來籠絡他們，結果是：官位給高了，他們反而不覺得可貴；恩惠給多了，他們反而不知好歹。如今，我嚴明賞罰，法令一行，他們就會知道好歹；不濫封官加爵，官位升了，他們就會感到來之不易而珍貴它。這樣，賞罰並用，相輔相成，上下就有了秩序。

——諸葛亮《答法正書》語譯

## 一碗水端平

鐘鼓雖好，不敲不響；掃帚不到，灰塵不會自己跑掉。
行賞如敲鐘鼓，論罰如掃灰塵。
賞、罰兩「板斧」，為官做帥的不可不備。

諸葛先生在《便宜·賞罰》中作如是說——
賞罰的功用在於賞善罰惡。賞賜是為了鼓勵立功，刑罰是用來消除奸邪。
重賞之下必有勇夫。明白是怎麼行賞，部下就會知道拼死效力；
嚴刑之下無刁民。明白刑罰如何實施，奸邪之人就知道畏懼，收斂。
但是，賞罰之事不可濫來，要一碗水端平，賞要公，罰要平。
讓人無功受祿，平白無故行賞，往往會使眞正的功臣怨恨；亂打棒，亂穿「小鞋」，常常會令忠正之士憤怒。
諸葛先生這樣說，也這樣做。在他手下幹事的將士，不論出身如何，地位怎樣，只要辦事忠勤，作出功績，毫不含糊地給甜頭嘗；相反，辦事不力，鑄成大錯，也不論你是皇親國戚，還是井市細民，毫不猶豫地打你的板子，輕者論罰，重者處斬。

姜維是投誠來的敗軍之將，但忠於職守，做事勤奮，而且屢建功勛。諸葛亮並不因爲他「根不正、苗不紅」而視他爲「後娘養的」，而是給他封官晉級，委以重任。李平，曾是劉備的心腹，有才幹，但劉備死後，野心膨脹，心下撥起自己的小算盤，弄虛作假，謊報軍情。諸葛亮並不因爲他歷史輝煌、老本厚實而對他網開一面，放他一馬，卻是毫不留情地將他削職爲民。

賞罰對於領導者實行管理而言，不是目的，而是工具。使用這種工具，當把良心放在胸膛的中間。如此，受賞者心悅誠服，受罰者口無怨言。否則，就會厚此薄彼，善惡不分，功過不清，招致怨聲鼎沸，人心渙散。

人總是希望求得心理平衡，求得自己的價值被人承認，遇事討個公道。自己做事付出了辛勞，創造了價值，如果沒有得到相應的物質或精神的補償，誰也擺平不了心理。但是，做領導者的獎之過當，哪怕是多獎一分錢，旁人誰又服得了這口氣？當然，那些偷懶取巧、玩忽職守、造成損失、違法亂紀的人，如果做領導者的聽之任之，睜隻眼，閉隻眼，更是難以使人心服口服。那時，大家都會這麼想：好人得不到好報，惡人得不到惡報，做好做壞都一樣，何如不幹？相反，對違法亂紀者依法處置，不僅衆人服，就是當事人想也必是誠服無怨。就說當年曾經被諸葛亮給與處罰的那位李平，不僅不忌恨諸葛亮，諸葛亮死後，還傷心得痛苦流涕。爲什麼？心服口服也！

運用賞罰這種工具，是一門藝術，要講究技巧。

行使賞罰大權，應當講究方式方法，因人而異，因時而變，因事而換。賞罰成人就不能拿賞罰小學生的辦法。小學生做件好事，老師賞頂「高帽子」，足矣。成人立了功，賞賜就不能這麼簡單。處罰不愼犯錯者就不能同於處罰屢敎不改者，對前者，如予以通報警告，對後者則可內部批評。處分自尊心強的人，就「響鼓不用重捶」；對難剃的「癩痢頭」，就不妨隔三差五地敲敲警鐘。

## 執法寬嚴要隨機

**執法施政須能審時度勢、寬嚴得宜。**

如今，走進成都的武侯祠，仍可見諸葛亮殿正門上懸掛著的一幅醒目的對聯：

能攻心則反側自消，從古知兵非好戰；
不審勢即寬嚴皆誤，後來治蜀要深思。

顯然，對聯作者的言下之意是稱頌諸葛亮治理蜀漢、執法施政能審時度勢，寬嚴得宜。縱觀諸葛亮一生事跡，誠覺對聯作者的這種評價精當，思慮深邃。

當年諸葛亮與蜀中代表人物法正在益州有過一場關於執法寬嚴問題的爭論。法正以為秦朝嚴刑酷法導致「天下土崩」，漢高祖劉邦寬大為懷，取得了成功，因而主張對益州的豪強地主「緩刑弛禁」，寬容待之。

而諸葛亮則認爲執法寬嚴不可援依舊例，得根據各時各地的具體形勢、情況而定。因此，他特寫了封《答法正書》，指出了法正「知其一，未知其二」的片面看法。覺得益州之地不具「緩刑弛禁」的條件、氣候，主張「威之以法」，「限之以爵」。

歷史證明：諸葛亮的分析和作法是無比正確的。

今天的領導者統領一個團體，治理一個單位，自然離不開法治。這樣，也就存在一個執法寬嚴的問題。

那麼，平時是寬鬆一點好呢，還是嚴苛一點好呢？

什麼是好，什麼是不好，這當然沒有個準則，一切都得看當時當地的情況。當時當地的情勢亂得不可收拾，非要動眞格的、來武的不可，執法者能審時度勢，及時施以嚴厲之法，那麼，嚴苛一點就稱得上是好了；相反，當時當地的部下安分守紀，老老實實，或是當時當地執行嚴刑峻法，使人們苦不堪言；怨聲載道，而執法相機而行，姑寬執法，那麼，寬鬆一點就稱得上是好了。

總之，執法寬嚴得因時因地因勢而定，但無論是寬，還是嚴，都得利於一個單位、一個團體的生存和發展，利於秩序的安定，事業的繁榮。再則，無論是寬，還是嚴，還都得依法遵法，嚴不失度，而寬則不和稀泥、姑息養奸。

## 斬斷之法

當斷不斷，必受其亂；
當罰不罰，等於亂法。

國有國法，軍有軍紀，家有家規。犯法者必究，違紀者必斬，越規者必罰。如此，國家才有安寧日，軍隊才有戰鬥力，家庭才有和樂時。

諸葛亮說：軍隊中，對於如下七種違紀行爲，不可心慈手軟，當依法處斬：

輕　不能按集合的時間準時到達；聽見號令半天不動；找著機會到處「打野」張望，鎧甲準備不全，兵器準備不足。

**慢** 接受命令不及時傳達，傳達命令不認眞負責，聽到金鼓之聲無動於衷，對發號的旗幟視而不見。

**盜** 伙食不能按質按量供給，指揮作戰浪費兵力，非法占有他人或團體的財物，借貸的東西拒不償還，謊報戰功以領賞。

**欺** 變改姓名，著裝不整潔，旌旗被破壞，金鼓不齊全，兵刃沒磨利，箭頭不著羽。

**背** 聽見鼓聲而不前進，聽到鑼響而不後退，看見旌旗伏下而不臥倒，左藏右躲，膽怯畏戰。

**亂** 調兵遣將時，兵士們爭先恐後，吵吵鬧鬧，車馬相撞，道路堵塞，使後面的人前進不得；亂喊亂叫，大聲喧嘩，不聽號令，使部隊行列混亂。

**誤** 隨隨便便，強行進入別的部隊，搗亂礙事；出現違法事件，知情不報；造謠惑衆，擾亂軍心。

諸葛先生的七種斬斷之法也夠厲害的，難怪他率領軍隊作戰，法紀嚴明，屢戰屢勝！

輕、慢、盜、欺、背、亂、誤，七種亂軍的行動，亦是人性的七種「惡之果」。這類人性的「惡之果」不只結在行伍之中，在其它地方，其他人身上，同樣可以見到。

某些機關，有些人像專念歪經的歪嘴和尚，把上級的「正經」常常念歪，上有政策，他下有對策。這不是「輕」，不是「慢」，又是什麼呢？

在如今的某些工廠，有的人上班吊兒郎當，出勤不出力，還損公肥私，勝下時常伸出「三隻手」將公物拿回家，據爲己有，這不是「盜」、不是「背」，又是什麼呢？

在如今的某些公司，有的職員弄虛做假，假公濟私，或僞造單據報銷費用，或背著上司索要「回扣」。還有的職員生就一副「長舌婦」的嘴臉，俗不可耐，有事無事說東道西，唆是鬧非，搞得上上下下人心不快，情緒緊張。如此，不是「欺」、不是「誤」，又是什麼呢？

要使一個單位、一個企業有工作效率，有經濟效益，作爲一個單位或企業的主管們，應當依照法紀毫不留情地鏟除部屬中的人性「惡之果」，使輕、慢、盜、欺、背、誤、亂等行爲在法紀的威風中站不住，立不穩。相反，領導者軟弱無力，該罰的不罰，該「斬」的不「斬」，則會使邪氣歪風上升，壞人壞事橫行。如此，不僅於領導者威信有損，而且於團體的事業有害。

# 集思廣益

商討、處理國家大事，要集中大家的智慧，廣泛吸取有益的意見。如果怕產生矛盾，而不提出不同意見來反覆討論，就會曠廢政事，造成損失。

——諸葛亮《與群下教》語譯

侍中郭攸之、費禕、侍郎董允等，都是善良誠實的人，思想忠貞純潔，因此先帝才選拔出來交給陛下。我認為宮中的事情，不論大小，都要徵求他們的意見，然後再去做，那一定能夠彌補過失或疏漏，得到更多的好處。將軍向寵，品行善良公正，熟悉軍事，從前曾試用過，先帝稱讚他能幹，所以大家都推薦他作中都督。我認為軍事上的事情，不論大小，都應徵詢他的意見，這樣必定能使軍隊內部團結和睦，優劣賢愚各得其所。

——諸葛亮《出師表》選譯

## 多見爲智，多聞爲神

做領導者的，要集中群衆的力量和智慧以為己用，少不得「多見」、「多聞」兩途。

一滴水珠，一條溪流，單獨看起來微不足道，可匯集多了，能成大河，能爲江海，可作氣勢磅礴之破，可興洶湧澎湃之濤。

一個人的力量，一個人的見聞，一個人的智慧看起來十分有限，形不成氣候，但上百個人乃至千萬人的力量、見聞、智慧匯合、交織起來，那就足洋洋大觀了。

英明的領導者處事爲政，應該依靠廣大群衆；應把廣大群衆作爲力量是源，智慧之泉。

做領導者的，比起一般人，知識應當豐富些，腦筋應當靈活些，點子應當多一些，魄力應當大一些。但是，做領導者的，總是一個腦袋，一雙眼睛，不可能像孫猴子那樣七十二變變出無數個孫猴子，你再有能耐，但也比不上千萬個普通群衆抱成一團所產生的智慧。

單股的鋼絲比起單股的草繩要強實，但千萬股草繩擰成一股，單股的鋼絲還比得了嗎？

當然，做領導者的，要集中群衆的力量和智慧以爲己用，少不得「多見」、「多聞」兩途。

諸葛亮在《便宜·視聽》篇中說的一席話確實意味深長：

當官爲政，應當觀察民間的細微現象，聽取群衆的細小的呼聲。能夠廣泛聽取體察衆人的意見，遇見又與一般人的商量，世間萬事萬物就等於在他眼前，各種聲音就如在他的耳邊。

觀察日月的形象，不能完全認爲是見了光明；聆聽雷霆的聲音，不足以認爲就是聽到了大聲。

沒有聽過五音的人，無法分辨宮調與商調；沒有見過五色的人，沒法區分黑色與黃色。

君主只有廣泛觀察才算有智慧，能兼聽各種意見才算是英明。

因此，古經書說：「聖人無私心，以老百姓心爲自己的心」，「上天以百姓的觀察爲觀察，以百姓的聽覺爲聽覺。」

照諸葛先生的此番議論看去，聰明才智的寶藏蘊含在廣大民衆之中，只有通過「多見」、「多聞」的途徑，才可走進這礦藏之中搜奇取寶。

如此看來，我們對中國歷代高明的統治者花費巨資養著一大批「策士」、「幕僚」、「門客」之類的人物，就不會奇怪了。

史載，春秋戰國之時，齊桓公曾養士八十餘人。這八十餘人各有各的本事，各有各的絕招。桓公花錢養著他們，並不是讓他們閒著吃白飯，或是陪著自己玩，而是叫他們幫助自己出謀劃策，把他們作爲「智囊」，遇事好同他們商量。桓公後來成爲諸侯的一霸，當與他養士以集思廣益有關。

想諸葛亮當年，正是多聞，多見，虛心納言，廣泛採納衆部下的意見，才制訂出了一個個行之有效的作戰方針、治國良策。

劉備與曹軍爭奪漢中時，劉備久攻不克，馳書請求駐守成都的諸葛亮發兵增援。在是否發兵增援的問題上，諸葛亮就曾徵詢過楊洪的意見，並採納了他的建議：「漢中則成咽喉，存亡之機，若無漢中，則無蜀矣，發兵何疑？」後來蜀軍取得了爭奪漢中的勝利。諸葛亮於建興三年率兵征討南中時，就一些軍事策略問題曾與大將馬謖商議過，並採納了他提出的「攻心爲上，攻城爲下」的建議，結果大獲全勝。

諸葛先生在自己的一生經歷中嘗到了集思廣益、多相啓告的甜頭，後來還寫了篇《與群下教》，號召部下多發政見，反覆爭論、研討。他說：參議國家大事，就要集中大家的智慧，廣泛吸收有益的意見。如果怕產生隔閡，而不提出不同意見來反覆討論，就會貽誤政事，造成損失。反覆爭論而得出正確意見，就像是丟掉爛草鞋而獲得珠寶一樣。

一人不如二人計，三人打個好主意。這點，我們始終應該記取。

## 忠言逆耳利於行

好話一句三冬暖，惡言半語六月霜。

好話，哪怕是一揑一把水的謊話，往往能調起聽者的情緒，能滿足聽著的自尊心、虛榮心，因而聽起來確實順耳些；如果這「好話」，再加進點糖，添進點蜜，那就更加有滋有味了，聽起來自是如食甘飴，如坐春風。

惡言，特別是那些損人、傷人、毀人的惡毒話，往往是無中生有，惡意攻擊，自是如刺如冰讓人觸之生疼、心寒。

但是，實爲忠言、大實話的「惡言」似乎也不太受歡迎，因爲它太直、太實，能一下掀出老底，一針刺中病處。一個體態臃腫的少女，如有人說她長得豐滿、富態，她可能高興得很；再有人說她長得很胖，也許就無所謂；如還有人實打實說她長得肥，她就可能像被人挖了祖墳，惱怒得可以。

「好話」總是吃香，「惡言」總是倒霉。

但仔細一想，腳踏實地的人還是應不必為「好話」所陶醉，「好話」聽過，除了心花怒放，熱血加劇流動一陣，似乎再也無補於事；至於「惡言」中的那些惡毒話，自是應嗤之以鼻，不必往心裡裝，免得鬱卒傷肝；但那些實為忠言、直言的所謂「惡語」，聽起來雖然不太順耳，但極有益處，亦如良藥，雖然苦口，卻能治病。

作為一個領導者，統率一個團體，領導一群民衆，共同奮鬥創業，不能獨斷專行，大家的事要發動大家想辦法，大家來做。

這樣，領導者不能總是聽「好話」，更多的時候要聽聽周圍人唱的反調。「反調」雖然不免刺耳，但其中往往蘊含眞理，蘊含著合理化的建議，於人生有補，於事業有益，一如帶刺的仙人掌，摸之刺手，用之卻有巨大的藥效。

一個集團走向成功的道路上，往往有絆腳石，有荆刺，只有與集團休戚與共的人才會思索如何迴避這前進路上的障礙，他們唱唱反調，更多是出於對領導者的愛護，對團體的赤誠、關心。

這點，作為一個集團的領導者應當明白。

明白了這點，就應給唱反調的人予以保護，而不當厭棄，更不當給小鞋穿。

諸葛亮曾說：政治清明的國家，人民敢於直言，行爲正直。

還說：「一國之主如果只喜歡報喜不報憂，拒聽諍諫，則忠臣不敢進其謀，而奸臣就得以逞其惡。君主有眼不觀察目前局勢，就如同瞎子；有耳不聽旁人的意見，就好似聾子。」

又「瞎」又「聾」以治國，免不了要倒台翻車。

集思廣益，虛心聽取別人的意見，才可不斷地糾正錯誤，彌補闕漏，免得日後吃大虧，栽跟頭，鬧得一蹶不振。

漢末的袁紹。此公擁兵自重，軍事實力雄厚，可就是一意孤行，剛愎自用，聽不得反面意見，弄得最後屢吃敗仗，元氣喪盡。

袁紹與曹操在官渡的一戰可謂至關重要。就當時曹軍的情況看，袁軍宜打持久的戰，因爲曹操兵少糧缺。而袁紹是個急性子，取勝心切，執意急戰。軍中大將田豐、沮授等人不忍心袁軍吃敗仗，果敢地站出來唱「反調」，勸告袁紹不要急於進兵。哪知不願聽逆耳忠言的袁紹反把田豐等人的一片好心當做了驢肝肺，立即把他們一並打入大牢。然而，事情的發展果然不出田豐等人所料。

當官做領導者，不能聽逆耳的忠言，甚至於打擊、壓制那些進言者，往往是因爲這些官員太自信，太自以爲是了；當然也有的人明知進言者所指出的問題、提出的建議是對的，可就是不願拉下「長官」的面子接受。

無論什麼原因，他們摒棄忠言，不思納諫改過，是後還害了自己，坑了別人，甚至往往還會葬送事業。這就有如患了傳染病的病人，旁人或者醫生給他指出了病症，他還不願正視、接受這種現實，諱疾忌醫，最終首先吃虧的還是自己，而且還連帶一大排人跟著遭殃。

# 領導者的誤區

李嚴身為朝中大臣，所受皇恩已是超過極限了。然而，他不思報效朝廷之恩，反倒無中生有，製造事端，不知廉恥，欺上瞞下，弄虛作假。處理案件徇私舞弊，不按法律辦事，誘使部下作奸犯科。其心胸狹窄，意志張狂，野心膨脹，像是無法無天。自料罪行暴露，遂生疑心，聽說三軍到來，便裝病返回沮、漳之地。等到軍隊開往沮縣，他又離開此地回到江陽……。這樣的奸人將危害蜀漢的大業。

——諸葛亮《公文上尚書》選譯

## 八弊

再偉大的領導者，也是一個活生生的人，而不是不食人間煙火的神。

金無足赤，人無完人。領導者既然是人不是神，那麼，其身上總會有這樣或那樣的毛病。

諸葛亮曾說：作爲一個領導者，有八種毛病最須要提防：

·是貪心不足，既要名，又要利。唯恐官做得不大，深怕利得到太少。當了宰相還想當皇帝，撈到銀子還想撈金子。

·是嫉賢妒能，生怕別人比自己強。

·是輕信讒言，喜歡聽那些心術不正的人打小報告，耳朵根子軟，沒有自己的是非之見。

·是料彼不料己，談起別人的事振振有詞，而對自身則缺乏應有的了解，既不知自己的長處，也不知道自己的弱點。

•是優柔寡斷，沒有主見，遇事不敢拍板，不能當家，如小腳女人一樣，前怕狼後怕虎，患得患失，遊移不定。

•是喜好酒色，沈湎其中而不能自拔。

•是性情奸詐而又膽小怯懦。兩面三刀，挑撥離間，但動眞格起來又畏畏縮縮，遇到難題、麻煩便如縮頭烏龜一般。言語的巨人，行動的矮子。

•是強調奪理，不按禮法行事。明知自己錯了，卻臭要面子，死不認錯。鴨子死了，嘴巴還是硬的。

一個領導者染上了這八種病害，只有迅速而徹底地消除掉，才是一個眞正的聰明人，才能成爲一個所向無敵的「常勝將軍」。

反之，患了這些毛病，還想極力文過飾非，那就會像害怕說自己有病而忌諱醫生診治的人一樣，到終吃虧受害的是自己。

三國時期的呂布，就是染上了上面所說的一些病害：貪財求利，董卓送他一匹駿馬，他就幹起了為虎作倀的勾當；沈迷女色，司徒王朗施以美人計，他很快就被拉下水了，殺了董卓；輕信讒言，寧聽寵妾的餿主意，而不用謀士陳宫的破曹妙計……這個有錯不改的一代強將，其身上種種弊病最後就像條毒蛇一樣，吞噬了他的前程，吞噬了他的生命。

## 驕吝

強中自有強中手，山外青山樓外樓。
一個人驕狂是沒有多大的理由的。

過於驕傲、清高，往往與人難合：強於己者不願攀附，低於己者不肯俯就，到頭來只能是缺朋少友，如孤雁一般。

捨不得孩子套不住狼。所以，為人便不可吝嗇。玩燈的怕打破了鑼，又想馬兒長得好又想馬兒不吃草，終究不會成事的。要想獲得某種成功就得付出相應的代價。

作爲一個領導者，更不要走進驕、吝的誤區。

諸葛亮曾說：

作爲一個將領，不可驕橫無禮。如果待人接物態度高傲，則必有失禮之處，失禮就會失去人心，最後鬧得衆叛親離。

作爲將領，又不可吝嗇小氣。一毛不拔，不知獎賞部下，部下得不到獎賞，就沒有賣命效力的積極性。這樣，軍隊就不能打勝仗，國家的勢力就會因此虛弱。國力虛弱，敵人就相應強大了。

所以，孔子說：「如果有人具備周公那樣的德才，但同時又驕傲吝嗇，那麼他有再好的德才，也是不值得稱道的。」

諸葛亮把將帥的戒驕戒吝提高到關乎軍國前途的高度來認識，確不失爲智者之見。

的確，將帥驕狂不得。驕狂起來，就容易被勝利衝昏頭腦；就容易剛愎自用，聽不進別人的意見；就會胡作非爲，濫打濫罰……

三國時的將領關羽，忠勇有餘，只可惜去不掉驕傲自大的毛病，遇事任性使氣。諸葛謹曾懷著一片好意勸他把女兒嫁給孫權之子，以兒女的聯姻取得蜀吳的政治聯姻，哪知關羽舉止傲慢，態度驕橫，將諸葛瑾臭罵了一通，終於使自己結怨於人。

作將領也小氣吝嗇，更甚者會使士卒怨聲載道，甚至揭竿而起。

三國時的呂布雖驍勇無敵，卻也有小腳女人的慳吝。屯軍下邳城時，他只圖自己享受作樂，而不顧兵士的死活。守城將士喝點酒，卻被他大加責罵，結果招致衆人憤怒、怨恨：「呂布只戀妻子，視吾等如草芥。」士兵憤怒之情，溢於言表，呂布能不敗乎？

以古鑑今，作爲今天的領導者，要使衆部下同心同德、群策群力，爲自己效力，爲團體發奮，也應力戒驕、吝二字。對部下，領導者應視他們爲自己的朋友，尊重他們，關懷他們，不可居高臨下，盛氣凌人，不可有一副官老爺的傲慢派頭；對於部下工作所獲的報酬應慷慨地給與，該給的獎金要給，該發的勞務費要發，該補助的要補助。這樣，何愁部下不唯領導者之命是從呢？

# 英明將領的風采

古時善於領兵作戰的將帥一般有四種做法：把前進撤退的規則告訴士兵，所以軍中人人知曉軍紀法令；用仁義教導士兵，使他人人知道禮義；告誡士兵明辨是非，因此軍中士兵都能相互勉勵；獎賞懲罰士兵公正嚴明，因此軍中人人都知怎樣守信。

「禁、禮、勸、信」，是軍隊的四條重要規範。沒有軍隊法規的徹底執行，什麼事情都不會進行得順利。

平庸的將帥則正與此相反。

——諸葛亮《將苑·善將》語譯

## 五善四慾

一個具有良好素質的將領，不僅當有非凡的德，亦當有超人之智。

將領，是國家的棟樑，軍隊之軀幹，繫乎事業的成敗，戰爭的勝負。所以將領不可不有良好的素質。

諸葛亮在《將苑·善將》中曾提出，優秀的將領要具有「五善四慾」的將性修養。

「五善」，是說將領要具有五種專門的技能：

·**善知敵之形勢**　敵人打來了，要積極防禦；時機成熟了，要向敵人發起進攻。如何防禦，如何進攻，都要建立在對敵情的及時而準確的判斷、預料上。

·**善知進退之道**　何時進攻，何時撤退，優秀的將領都能作出恰如其分的選擇。進攻時，決不會做出拿肉包子打狗的蠢事，也決不會做出讓到嘴的肥肉溜掉的憾事；撤退時，可防止往敵人的槍口上硬撞，能保存部隊的有生力量。

**・善知國之虛實** 國家的財力、人力是否能應付一切戰爭的需要？是適合打持久戰，還是適合速戰速決？或是根本不適合起兵打仗，這些，優秀的將領都應作出正確的估計。

**・善知天時、人事** 戰爭要獲得勝利，必須順天、因時、依人，所以優秀的將領應知曉戰爭過程中天下之大勢，具體情境之時機，人心向背之情況，並充分有效地利用之。

**・善知山川險阻** 天時不如地利，戰爭的勝負往往取決於是否能依地勢之利而進退攻守之術。故優秀的將領要對作戰區域的地形情況瞭如指掌。

「四慾」，是說優秀的將領應具有四種良好的心理品格——

**・戰慾奇** 軍以奇計爲謀，以絕智爲主。優秀的將領作戰往往要像高手下棋，以妙招險著取勝。

**・謀慾密**　優秀將領作出的部署、謀劃，要周密、謹愼、滴水不漏、無懈可擊，方可穩打穩紮，百戰不殆。

**・衆慾靜**　不浮躁，不衝動，冷靜駕馭事態的發展變化，以不變應萬變；事情千頭萬緒，衆人千口百舌，做領導者仍能保持冷靜而淸醒的頭腦。

**・心慾一**　心志始終如一，正確的目標被確定，奇妙的計謀被選用，就要堅定不移地走下去。心猿意馬、朝令夕改、半途而廢，是成不了大事的。

## 剛柔相濟

「皎皎者易污，嶢嶢者易折」

「馬善被人騎，人善被人欺」

三國的歷史舞台上，諸葛亮、周瑜是兩個十分吸引人的角色。一個剛柔相濟，一個則剛而乏柔。

周瑜比較諸葛亮的剛乏柔，使得他器量狹小，鋒芒畢露。諸葛亮才能過人，周瑜妒嫉他，仇視他，不擇手段、想方設法陷害他，欲置之死地而後快。哪知諸葛亮卻偏又善於以柔克剛，對於性情純剛的周瑜每次所用「殺著」，都一一以不動聲色的奇謀妙計化解之，終於使周瑜氣得吐血而死。

試想當時，周瑜性情柔和點，胸懷寬大些，就不致為加害諸葛亮而傷透腦筋，鬧得心不安神不寧；退一步說，即使陷害不成，輸在諸葛亮手中，最後也不致於落到一氣而死、給天下人留下笑柄的田地。

再試想當時，諸葛亮如果與周瑜半斤八兩，以剛對剛，以「硬」的方式撕破臉皮與周瑜拼個你死我活，鬧個魚死網破，說不定最後要麼兩敗俱傷，要麼就早成了周瑜的刀下鬼。

周瑜與諸葛亮的較量，昭示著一條眞理：只有堅剛而又柔韌，當剛則剛，該柔則柔，才合於爲將之道。一味溫柔，就會導致軟弱；一味剛烈，就容易招致挫折。

俄國的寓言作家克雷洛夫寫到了一棵以剛烈自矜的橡樹，這橡樹對蘆葦說：「我像高加索威嚴透頂——我殺太陽的炎威，小事兒算不得什麼；狂風大作，我嗤之以鼻，雷聲隆隆，我逍遙自在；我矗立，筆直遒勁，彷彿掌握著攻不破的和平之盾。」

不久，狂風暴雨驟起，橡樹依恃著「深入濃蔭下土壤內的」腳根，硬頂著狂風暴雨，結果卻遭了滅頂之災：「被呼嘯著的風連根拔起來了」。而蘆葦則不同，暴風雨來了，它隨風搖擺，俯在地上，風雨過後，安然無恙。

橡樹不避風雨而導致滅亡，算是一場悲劇，悲劇的根源在於它剛而失柔；蘆葦適時俯地，結果保全了性命，可謂幸運，獲得這種幸運則在於它能以柔克剛。

「皎皎者易污，嶢嶢者易折」。剛有餘而柔不足，則會如枯脆的木料，一折即斷。

「馬善被人騎，人善被人欺」。柔有餘而剛不足，則會如柔軟的麵糰，隨人捏得怎樣就怎樣。

剛中有柔，柔中有剛，剛柔相濟，則會如鋼製彈簧，既有鋼的堅實，又有水的柔性。

## 將誡

《尚書》中說：「怠慢賢能的人，世上就沒有人肯為他盡心，怠慢普通的人，世上就沒有人願為他盡力。」

所以，將帥帶兵的要訣是，籠絡部屬之心，嚴明獎懲之制，全面掌握文武之道，靈活運用剛柔之術。

對於將帥來說，讀是學習，也是作戰。愛讀書的將領，能從書中獲得戰勝敵人的智慧。將帥應多讀些《禮》、《樂》、《詩》、《書》等修養身性的書，鑽研它們，提倡仁義在先，智勇在後。

對敵作戰，要講究方式方法。

靜以待敵時要像魚潛水中，不露蹤跡；進攻敵人時要像老鷹捕雞，又快又猛。

分散其兵力，挫敗其鋒芒；用旌旗顯揚威力，以金鼓統一行動。退時如大山移動一樣沈穩，進時如暴雨襲來一樣猛烈；追擊敵人如摧枯拉朽，與敵交戰像猛虎出山。

面對緊迫形勢要從容以對：敵人貪財，以利誘之；敵人混亂，乘虛而入；敵人自卑，就使他盲目驕橫；敵人團結，就設法離間；敵人強大，就設法削弱之。

如果部屬中有人遭難，就伸出手扶他一把，讓其感到安寧；有膽小的，就讓他寬心，並鼓舞他的勇氣；有想叛離的，就讓他留戀自己的故土；有人遭了不白之冤，就幫他申訴；有人氣勢過盛，就抑制他；有人過於柔弱，就扶助他；對於足智多謀的人，親近、任用他；對於搬弄是非的人，揭穿、壓制他；有人繳獲了敵人的財物，就獎賞他。

如果敵人實力薄弱，就不必強攻；不要自恃自己兵勢強大而小看敵人；不要以爲自己才能過人就傲視他人，不要以爲自己受上司器重便橫行霸道。

有了周密的計劃，然後再行動；有了獲勝的把握，然後再出戰。

# 軍事韜略

## 順乎民意　籠絡人心

將帥領兵作戰，根本在於軍隊內部團結，軍中上下齊心合力，士兵不用將帥鼓勵就會人人奮勇作戰。如果將吏之間相互猜疑，士兵不服從命令，忠誠之士的計謀不被採用，士兵之間相互攻擊誹謗，即使是商湯、周武那樣的聖賢，也難於戰勝一般的敵人，至於戰勝人數衆多的敵軍就更談不上了。

——諸葛亮《將苑·和人》語譯

主將常察士卒飢、飽、勞、逸之情，使人依如父母，則和氣生。氣和則心齊，兵雖百萬，指呼如一人。

——戚繼光語

## 群衆的力量是無窮的

多一個鈴噹多一聲響，
多一根蠟燭多一分光。

打仗，不只是幾個軍事指揮官的事，也不只是一群士兵的事，還應是千千萬萬廣大人民群衆的事。是老百姓利益、願望的體現。

所以，諸葛亮說：

「如果能夠順乎民心及形勢去討伐惡敵，郡麼，即使是黃帝也不能和你爭威鬥狠了；如果能夠依靠人民群衆的力量與敵人作針鋒相對的鬥爭，那麼，即使是商湯、周武這樣的賢君也不能與你爭功較績了。假如能夠審時度勢，伺機而動，同時又能掌握人心向背、取得威勢，那麼，即使是與萬夫之勇的猛將相逢，最後也能戰勝他，天下的英雄豪傑也就會歸之如流。」

中國戰爭史上的無數事實證明著諸葛亮所說的這一公理。

軍隊打仗，要依靠人民群衆的支持；做爲領導者，負責一個團體的工作，也當借助人民的群衆的力量。

如將諸葛亮打仗依靠群衆力量的思想移植於領導工作上，那就應是放手發動群衆，走群衆路線。

做爲領導者，不必事無巨細，面面俱到，而當調動每個部下的積極性。道理很簡單：一個單位的事情那麼多，只憑你作領導者的去做，即使有天下的本事也是做不了、做不好的。

諸葛亮在處理蜀漢事務上曾管得過多，過細，甚至連核對登記冊之類的小事也親自動手。

主簿楊顒知此，便勸諫諸葛亮說：

「治理國家有一定的規則、秩序，上下職務不能互相侵犯。請允許我用治家的事作比方來說明吧。」

「現在有個主人，讓男僕從事耕種，女僕負責料理家務，雞管報時，狗則看家防賊，牛負重載，馬跑長途。主人吩咐他們各司其職後，便只管每日查看支派，這樣，他的各種需要能夠得以滿足，能夠從容地休息、飲食……」

「忽然有一天，這主人打算親自去做所有的活兒，不再分派支使，於是每天拖著疲憊的身子去做著種種瑣碎的事，結果累得頭昏眼花，還是一事無成。」

「難道是這家主人的才智不如他下面的這些人嗎？當然不是。問題是在於他失去了做主人的章法。現丞相身任一國之重，竟親來做校閱登記簿之類的瑣事，以至汗流終日，不是太不應該了嗎？」

諸葛亮誠懇地接受了他的意見。

楊顒所說，極是有理。一個領導者的精力、心智畢竟有限，如果不放手發動群衆，不讓每個人釋放自己的潛能，領導者做死做活也不能把整個攤子的事情做完做好，最終只能是累死不好看，甚至還會助長部下怠惰、依賴思想。

想當年，叱吒風雲的拿破崙，處理軍務事必躬親，大小事情都兜在懷裡，一杆子插到底，結果使軍中「生產」出了一大批懶官、庸官，最終令他在滑鐵盧役中有克敵之意，而無回天之力。

所以，作爲一個領導者，應當清醒地知道：人民群衆是智慧的源泉，是力量的寶藏，他們中間有著衆多的「諸葛亮」！

## 養兵如養子

**戰爭的勝利取決於將領的神機妙算與士卒的英勇奮戰的有機結合，而士卒的英勇奮戰則源自將領的勵士之法。**

戰爭是敵我雙方兵力的較量，戰場上刀槍相見卻是決定性的。這樣，在戰場上，兵多常勝，兵寡常敗。領兵作戰的將帥即使本領再大，如果沒有衆兵士的衝鋒陷陣，是不可能戰勝強大的敵人的。

戰爭的勝利固然取決於將領的神機妙算與士卒的英勇奮戰的有機結合，而士卒的英勇奮戰則源自將領的勵士之法。

將領勵士之法有多種，最好的方法莫過於愛撫和教戒。

諸葛亮說：「古代善於帶兵的將領，對待士兵就像對待自己的親生兒女一樣。遇有危難，自己一馬當先；遇有榮譽，則讓士兵首先享受；有人犧牲，一定以悲痛的心情爲其哀悼安葬；部下有人受傷，一定會含淚予以撫慰；士兵飢餓，一定會將自己的食物分給他們；士兵寒冷，一定會脫下自己的衣服給他們穿；對有智的人，一定會厚禮相待，加以重用；對勇敢的人，一定會給予獎賞和勉勵。」

將心比心，以心換心，將領把自己的一片誠心掏給士兵，對他們遇之以禮、待之以情，體貼入微，關懷備至，士兵也同樣會掏自己的赤膽忠心給將領，這樣，將領何愁沒人爲自己效命疆場、英勇殺敵？

建興九年，諸葛亮率兵與司馬懿戰於鹵城。其時，司馬大軍守住山險，不出應戰。蜀兵因與魏軍相拒日久，加之麥盡無糧，有很多人都思家心切，想著及早回成都與家人團聚。

就當時的形勢看，司馬懿暗中派了孫禮、郭淮兩員大將率兵去劍閣截斷蜀軍糧道，而且司馬懿也時刻有可能引兵攻襲鹵城。這樣，按理說，在這個節骨眼上是不能放這些軍士歸家的。但是，諸葛亮將心比心，很能體諒衆兵士的思家之心，理解他們此時此刻的心境，於是，作出了很富人情味的決定：

「蜀兵應去者，皆準備歸計，其父母妻子倚門而望；吾今便有大難，決不留他。」即傳令叫想歸家的士兵，當日便行。

這一出乎人們意料之外的決定，儘管於諸葛大軍的軍事行動不利，但它把諸葛亮對衆士卒的關懷體貼之情傳達給了士卒們。在這種情感的激勵下，衆士兵不禁由衷地大呼道：「丞相如此施恩於衆，我等願且不回，各捨一命，大殺魏兵，以報丞相。」於是，群情激動，原來想回家的也不回了，留下來打了一場漂亮的襲擊戰。

在中國歷史上，聰明的軍事指揮官，大都能像諸葛亮那樣，奉獻自己的一片愛心，以此招攬士心，激勵士氣。

戰國時魏國的名將吳起，就是一位善用愛心感化士卒的將軍。他與士卒同甘苦、共患難：睡覺不鋪褥墊，外出不乘車馬。更爲難得的是，爲了體現自己對部下的忠誠的愛，身爲將軍的吳起還能做出連部下的父母都難做出的事情。

一次，一個士兵作戰負傷，傷口化膿，痛苦不已。吳起見此，親自俯下身去，用嘴巴吮吸那士卒的傷口處的膿血。

如果說是吳起爲下屬吮膿是一種收買人心的策略，是做樣子給人看的，那麼，又有多少將領甚至父母能對下屬或兒女「做樣子」做到這種程度呢？

後來，那位士兵的母親知道了這件事，放聲大哭起來。於是有人問：「你兒子是個無名小卒，吳起大將軍爲你兒子吮疽，你不感到幸運，卻爲何痛哭流涕？」

那位母親回答說：

「往年吳起將軍爲這孩子的父親吸膿，後來孩子的父親爲了報答將軍的仁愛之心，英勇作戰，以致戰死前線；今日將軍又爲這孩子吸膿，好像他的命運注定要與他父親一樣。想起這，我傷心難過極了！」

這位母親含淚哭訴，固然是爲兒子未來的命運擔憂，但她的哭訴之中不也映現出了愛與被愛者之間投之以桃、報之以李的奇妙的效應嗎？

一位古代將領曾說：「主將常察士卒飢飽勞逸之情，使之依如父母，則和氣生。氣和則心齊，兵雖百萬，指呼如一人。」

由此說來，在於士兵使用起來心齊如一，指揮百萬大軍如呼一人。

所以，孫子說，愛護士兵若不能驅使士兵，厚待士兵如不能命令士兵，那麼，愛護和厚待就失去了應有的意義。所以，被愛的士兵如若違反軍紀，誤了軍機大事，將領對他就不可再講情面了，無情的原則最後還是不應該被有情的仁愛所淹沒、取代，當罰者就罰，當斬者就斬，就如諸葛亮當年揮淚斬馬謖一樣。

作爲軍事集團的首領應對部下寬厚、仁愛，推而廣之，作爲其他各行各業的主管者亦當遵從此理。只有這樣，才能換來部下竭誠效忠的報答。

日本桑得利公司是如今日本資財雄厚的一個商業集團，其老板島井信治郎，就很具領導藝術，對雇員關心，愛護，使得整個公司上下精誠團結，從而產生了巨大的經濟效益。據說一天晚上，公司的雇員在寢室叫嚷房裡有臭蟲，不能很好休息。島井聞之，便在雇員們熟睡之時悄悄拿著蠟燭到顧員宿室內抓臭蟲，雇員們被驚醒後，都感動得熱淚盈眶。

雇員在這樣的老板手下做事，如果說是吊兒郎當，消極怠工，那才叫怪事！

# 不打無準備之仗

晴帶雨傘，飽帶衣糧。未雨綢繆。

——諺語

不備不虞，不可以師。

——諺語

## 用兵一時，養兵千日

要想刀子鋒利，就得磨礪。

要想盆景裡的花木成形美觀，就得不斷地整枝修葉。

要想士兵在戰場上臨戰不驚，處變有術，就得對士兵嚴加訓練、教導。

所謂，用兵一時，必須養兵千日。當然，這「養」絕不只是讓士兵像女人坐月子、養身體一般，吃好、玩好、睡好，而重要的是讓他們吃苦流汗，練就殺敵致勝的硬本領。

諸葛亮曾說：

軍隊不加教導和訓練，那麼一百個士兵也抵不上一個人。

經過教導、訓練，用之於戰場，則可一以當百。所以孔子說：「用未經訓練的人去作戰，就無異於讓他們白白送死。」「讓有能耐的人教練老百姓，七年之後老百姓也可像戰士一樣參加戰鬥了。」

因此，參戰士兵事先不可不接受正規訓練。對他們，要以禮義來教導，以忠信來教誨，以法紀來警誡，以賞罰來化育。這樣才能使人人知道進取奮鬥。然後，再進行基本功的訓練。如列隊與解散、坐下與起立，步行與停止，前進與後退，解散與集合。這樣訓練後，一人可教十人，十人可教百人，百人可教千人，千人可教萬人。全軍教導好，則戰勝敵人不難。

對士兵的訓練，諸葛亮不僅在理論上給予了高度重視，在實踐上也同樣顯出了他的良苦用心。

建興八年，諸葛亮身患重病，休養於成都。就是在這種情況下，他也沒有放鬆對士兵的訓練，而是「每日操練人馬，習學八陣之法，盡皆精熟。」正因如此，後來司馬懿與諸葛亮鬥陣法於祁山，司馬懿根本不是對手，落得個羞愧難堪的結局：魏兵在蜀兵佈下的行陣裡不辨東西南北，士不能相顧，只管亂撞，但見愁雲漠漠，慘霧濛濛；喊聲起處，魏兵一個一個皆被縛住。

如將諸葛亮「用兵一時，養兵千日」思想的普遍性推及到社會生活的方方面面，那麼：

一個企業要想提高產品質量，提高生產效率，最終達到盈利不虧的目的，那麼就要捨得智力投資，讓員工學習，培訓，使員工成爲訓練有素的高素質的人才。

一個書法愛好者參加全國性的書法比賽，要想落筆驚人，奪魁獲冠，平時就得持之以恆地臨帖習字，冬練嚴寒，夏練酷暑。

一個老師要使自己的學生參加聯考時臨場不怯，穩打穩紮；考出水準，考出成績，最終躍過「龍門」，就得在考前對學生嚴格訓練，使其基礎知識紮實，基本功過硬。

寶劍鋒從磨礪出，梅花香自苦寒來。做任何一件事情，要想出手不凡，不鳴則已，一鳴驚人，事前總少不得應有的刻苦磨練。走終南捷徑，投機取巧，終究成不了大氣候。

## 有備無患

古語云：「不備不虞，不可以師。」

蜂蠆是種小毒蟲，常遭天敵的進攻；爲防止和抵御入侵之敵，它常將毒刺備在身上。

稍微狡猾點的兔子，爲了避免受到傷害，平時要爲自己預備好三個可以藏身的窩。

動物世界的小精靈尚且知道準備幾手，以應不測；人類處世行事更應懂得有備無患的道理。

凡事有備則勝：臨時抱佛脚、倉促上陣，總不免亂了手脚、出了差錯。軍事上的事尤其是如此。

古語云：「不備不虞，不可以師。」意思是說不準備、不計劃到沒有憂患的地步，就不可以出師打仗。

諸葛亮說得更妙：「國家大事沒有比戰備國防更重要的；戰備方面的事，如果不謹慎，稍有一點閃失，就會惹出大亂子來，全軍將覆滅，將士也會遭殺戮。因此，國家遇有危難，君臣上下都應廢寢忘食地策劃，想出對付的辦法，選擇有才能的人作將帥。如果身處太平而不考慮可能發生的危險，敵人打來還不知著手應對，這就好像是燕子把巢窩築在帳棚上，像魚兒戲游於熱水鍋裡，滅亡的日子很快就會降臨。」

蜀漢建興七年夏，諸葛亮率兵攻取武都、陰平後，司馬懿預料諸葛亮得了武都、陰平兩地，必然安撫百姓，不駐營中，便打算發點精兵一萬，夜襲蜀兵安紮祁山之上的營寨。

哪知司馬懿的計謀早在諸葛亮的預料之中。於是，諸葛亮號令三軍緊鑼密鼓地進行防備。很快，圍捕魏軍的「天羅地網」就撒開了：在魏軍必經的大路上橫放了數百輛草車以備火攻，在山頂上陳放了大量山石，以備石擊，還在山寨四周埋下了伏兵。

夜晚三更時分，當劫寨的魏軍進入埋伏圈後，大路上草車燃起，阻截了去路；四下伏兵皆出，將其圍於核心；山上箭石如雨，令人無法抵擋。這樣，一下就使魏軍成了甕中之鱉。

諸葛亮爲什麼不僅沒遭司馬懿的暗算，而且倒使魏軍偷雞不成反蝕一把米呢？

魏將張郃給司馬懿的稟報倒側面道出了個中原因：「孔明先如此提防，因此我等大敗而歸。」

的確，枕戈待旦以防，居安思危以備，關乎兵家之成敗，繫於國家之存亡。想蜀國後主劉禪當年，在諸葛亮辭世以後，爲寵臣黃皓讒言所惑，樂不思蜀沉湎酒色，不理朝政，更不修武備，很快就被司馬昭打得一塌糟，落得個國毀身囚的可憐下場。

軍國大事，關乎國計民生，要想不出差錯，不可準備不足，倉促上陣；就是普通百姓的「平凡」小事，要圖成功，做得如意，事先也得下苦功夫、花大力氣準備。否則適得其反。

演員，無論是唱歌的，還是演戲的，都想在台上風光風光，以自己的精湛技藝博得觀衆的掌聲，甚至期待有「轟動效應」，能走紅，叫得響，能把「明星」之類的桂冠拿來頂在頭上。但是，良好的願望還得靠台下的刻苦訓練，悉心準備來實現。人說：「台上一分鐘，台下十年功」。你要當明星，成紅人，你就得在每次演出之前多流幾身汗地練功準備，或每天少睡點覺，起早床去吊嗓子，或去排練房做、打、念、唱……。相反，演練不多，準備不足，等到一有演出機會登台表演時，不僅難得一顯身手，反倒會出盡洋相，丟醜賣乖。

如果一位參加聯考的高中生，考前沒有「三更燈火五更雞」的準備，而是平時打打鬧鬧，吊兒郎當，臨考時再「抱佛腳」，緊緊張張翻翻書，相信即使是一目十行，過目不忘的神童最後也不免名落孫山。

你如果是一位求職者去某公司應聘，事前作有充分準備，專業知識積累得呱呱叫，又對該公司的情況進行過細緻周密的調查，瞭如指掌，相信命運之神很快就會向你張開笑臉，帶給你被聘錄用的福音；相反，只想瞎貓碰死老鼠去碰碰運氣而無所準備，應聘的結果八成是吃「閉門羹」，被人拒之門外。

勤能補拙。做大小事情，哪怕是能力差點，頭腦笨點，只要事先肯動腦筋，肯想辦法，多作幾手準備，也能把事情做得妥妥貼貼，即使遇有各類麻煩，也會像那有毒刺在身以防不測的蜂蠆能應付各種難堪的局面。

再有能耐的人，如不勤奮，遇事臨陣磨槍，企望僥倖取勝成功，結果只能像沒有準備、倉促出戰的軍隊注定敗北一樣。

## 厲兵秣馬

農民種地少不了一套農具；
文人作文少不了紙、墨、筆、硯；
樵夫砍柴少不得柴刀；
……

因此，世上之人做任何一件具體事情，很多情況下必須依賴、借助一定的工具。必須有一定的物質準備。

「磨刀不誤砍柴工」。相應的準備做得周全、做得充裕，事情則可做得順利，做得成功。

士兵作戰尤其是如此。

諸葛亮說，螫蟲之所以能刺人，是依仗著它身上有毒液；戰士能英勇奮戰，往往是憑藉武器裝備的精良。武器鋒利，鎧甲堅固，糧草充足，士兵就可獲得殺敵的勇氣。鎧甲不堅，則如同赤膊上陣無所依憑一樣；弓箭不好，難以射中目標，就如同沒有弓箭一樣；箭頭不鋒利，射不進敵人的身體，就好像沒有箭頭一樣。糧草不足，士卒無力氣，就好似餓人與虎搏一樣。因此，將帥再怎樣有謀略，士兵再怎麼勇敢，沒有精良的武器不行。沒有充足的軍餉不行。

所以，英明的軍事家爲了戰爭的勝利，無一不注重戰前的物質準備：貯存糧草，存蓄用水，屯積軍火……

三軍未動，糧草先行。諸葛亮六出祁山，每次都要讓負責軍火輜重的將士打前陣，甚至還要創製木牛流馬之類的新式機械以又快又多地運送軍餉。在第六次兵出祁山之前，曾在成都進行了三年時間的準備工作：積草屯糧，講陣論武，整治軍器，一直到建興十二年春，諸葛亮才又一次提出伐魏之事：「臣今存恤軍士，已經三年。糧草豐足，軍器完備，人馬雄壯，可以伐魏。」

國不可一日無軍，軍不可一日無食，食不可一日無水。漢代大將霍去病在西北地區率兵作戰，每次安營紮寨，所要的第一件事情就是命令將士們四處尋找水源。

孫武說：「軍無輜則亡，無糧食則亡，無委積則亡。」這確爲至的之論。打仗需要有充足的物質準備，聯想開去，要做好其它的事情，事先也當備好相應的必須的物資條件。

在澳大利亞曾發生過這樣一件趣事。

這是一個別有情趣的運動會，人們讓駱駝與駿馬賽跑，賽程有一百多公里，並規定在比賽過程中都不吃不喝。跑完單程，馬最先到達目的地，卻不幸死亡。駱駝雖然最後達到，但安然無事，並以原來的速度返回到了原地，奪得了冠軍。

這場比賽眞是發人深思。

駿馬爲什麼猝然而死呢？駱駝爲什麼能榮獲冠軍呢？這其中的奧妙，恐怕就在於駿馬不能耐飢渴，而駱駝有了背上兩個高高的駝峰貯備脂肪和水分，能夠戰勝飢渴。

受此啓發，我們做任何事情，當像駱駝那樣用充裕的貯備以應不測。

旅遊外出，公幹出差，當備足錢物，帶足衣服……

開公司，辦企業，事先當籌備足夠的資金。

船員運航，當帶指南針。

病人外出，當備應急藥物。

# 强攻不如智取

工匠如果沒有魯班那樣的眼力，就無法看出工藝的奇巧；打仗的人沒有孫武那樣的智謀，就不能產生高妙的計策。

計謀要周密，攻敵要迅猛。

會打仗的人不發怒，善於取勝的人不畏怯。

英明的將領先有了取勝的把握才去打仗，愚昧的將軍則是先去打仗再爭取勝利。

善於進攻的人，使敵人不知該守什麼地方；善於防守的人，使敵人不知該從何處攻起。

善於進攻的人，不依靠兵器；善於防守的人不依靠城廓。

敵人想要固守，就攻其不備；敵人想要進攻，就出其不意。

以近待遠，以逸待勞，以飽待飢，以實待虛。

我往敵來，謹加防守；我起敵止，攻其左右。

——諸葛亮《便宜·治軍》選譯

## 軍以奇計爲謀

兩軍對壘，勇者相遇智者勝，智者相逢絕智勝。

所以，諸葛亮在《便宜・治軍》中說：「軍以奇計為謀。」

計奇者，疾如風雨，如江海，不動如泰山，難測如陰陽，神神秘秘，虛虛實實，真真假假，出敵不意，攻其不備，從而出奇制勝。

施計用謀，能使敵有深澗不能窺實，敵有大智而不能窮其理，方是奇計奇謀。

中國戰爭史上，克敵制勝的招數很多，諸如空城計、美人計、疑兵計、苦肉計、詐降計、調虎離山計……等等，這些招數用得妙，就便是奇計奇謀了。

公元前六六六年，楚國大軍乘坐六百餘輛兵車逼攻鄭國的都城，鄭國已是處於十分危急的境地。鄭國國君召集文武百官商量退兵之策，衆人議論紛紛，御敵之策一時懸而未決。其時，有一名叫叔詹的謀臣出來獻有退兵之計。他認爲可以

「懸門不發」之法退其兵。

何爲「懸門不發」？即將城門打開，而讓鄭軍全部埋伏城內，不使一兵一卒露面。這方法確實是夠險的，弄得不好，就會使鄭軍全部覆滅。

但是，叔詹分析說：「楚國第一次發動六百餘乘的兵力來攻取鄭國，必是滿懷必勝的信心而來的。爲了求勝，他當然要事事謹慎，不得張狂造次。如果我們不動一兵一卒，還把城門開著，楚軍一聽不知我們葫蘆裡賣的什麼藥，而擔心貿然進城後會落入我們的圈套，因此，我們不攻，他們也會自退。」

後來，鄭國照著叔詹的法子做了，楚軍果然怕中鄭國人的詭計，統軍首領馬上率著大軍撤退了。

鄭國「懸門不發」而使自己轉危爲安，這確實是演了一場絕妙的「空城計」。

三國之時，諸葛亮受後主劉禪之命，從祁山之地班師成都。可當時司馬懿窮追不捨，欲置蜀軍於死地而後快。爲了擺脫司馬懿的「糾纏」，諸葛亮便以「增灶法」示之以強，即不斷增添軍中燒飯的爐灶，使司馬懿錯認爲蜀軍的人數越來越多，從而達到讓司馬懿膽怯退卻的目的。後來，司馬懿見蜀軍爐灶不斷增加，果然害怕起來，說：「吾料孔明多謀，今果添兵增灶，吾若追之，必中其計，不如且退，再作良圖。」這樣，諸葛大軍便順利地撤回成都。

諸葛亮用「增灶」之法，使魏軍不攻自退，用的就是疑兵之計。

赤壁大戰時，周瑜責打吳將黃蓋，使之受盡皮肉之苦，由此騙取了曹操對黃蓋的信任，最後又讓黃蓋假意降曹，接近曹軍以施行火攻之法，終於大敗曹軍。爲破曹軍，周瑜打黃蓋，一個願打，一個願挨，行的就是「苦肉計」。

……

如此奇計妙策，貴在變化多端，神秘莫測，使對方如墜五裡霧中，莫辨方向；如丈二和尚摸不著頭腦。所以，孫武把這類奇計妙法稱作「詭道」。

這類「詭道」雖是以用詐爲其根本，但用詐並不是簡單地欺騙，隨意矇哄，而需要知己知彼，摸透對方的心理。高超的詭詐之術，往往是高超的用「疑」藝術，是高超的心理戰術。詹叔使用「空城計」，是因爲他摸透了楚軍求勝心切而不敢貿然突進的心理特點；諸葛亮使用增灶之法以行疑兵之計，是由於他在長期的交戰中掌握了司馬懿謹愼求穩的個性心理特徵；周瑜使用「苦肉計」，是因爲他事先就了解曹操極力在吳軍尋求奸細的心理。

高明的軍事將領不僅能在對敵作戰中主動施行奇計高妙，而且在敵人使用某種奇計「詭道」時，能及時識破敵人的鬼把戲，並能將計就計，以其人之道還治其人之身。如此將計就計就是奇計中的奇計了。

諸葛亮兵出祁山之前，曾與安定太守崔諒戰於天水郡，後崔諒投降。對於這個敗軍之將，諸葛亮奉爲上賓相待，並希望他立功自贖。於是，試探性地向他提出幫助擒捉固守南安城的夏侯楙，並向他吩咐道：

「今有足下原降兵百餘人，於內暗藏蜀將扮作安定軍馬，帶入城去，先伏於夏侯楙府下；卻暗約南安太守楊陵，待半夜之時，獻開城門，裡應外合。」

哪知崔諒賊心不死，不思改過，卻跑到楊陵、夏侯楙那裡出謀劃策道：「只推獻城門，賺蜀兵及孔明入來，就城中殺之。」

但是，崔諒的詭計沒有瞞過眼明心亮的諸葛亮。諸葛亮卻反來了個將計就計。

時值黃昏，諸葛亮就向大將關興、張苞授了密計，並讓他們領兵混雜在安定軍中，隨崔諒來到南安城下，待楊陵在城門迎接之時，關興就手起刀落，斬楊陵於馬下。接著，張苞手起一槍，刺了崔諒，然後四面蜀兵齊入城中，殺得夏侯楙措手不及。

崔諒行使詭計，本想將蜀軍引入城中來個關門打狗，卻想不到諸葛亮來了個順水推舟，將計就計，未入城門，不待夜半，就將崔諒的如意算盤打破。看來，諸葛先生還是計高一籌！

兩軍角逐的戰場少不得用奇謀妙計，而生活中很多不見硝煙的「戰場」也同樣少不得用奇謀妙計。比如說，你是商人，商場上競爭少不了經濟談判，要征服對手，求得談判的主動權，就可不妨借用軍事的緩兵之計，疑兵之計……等等，談判過程中或故意先談些題外話，擺龍門陣；或故意東扯西拉，答非所問，或故意透露有關資料，引對方入歧途，或故意延遲作出決定的時間，或虛張聲勢，或故作驚人之語，……。如此，神神秘秘，撲朔迷離，使對手在不明眞相，不測底細的情況下進入你的「圈套」。

## 用兵之道，攻心爲上

戰爭不僅是武力的角逐，很多時候又是智力的較量；而智力的較量往往是一方通過心理攻勢的展開達到「不戰而屈人之兵」的目的。

三國時期，南方少數民族在首領孟獲的煽動下，紛紛叛離漢室而起兵鬧事。諸葛亮親自率兵南征，平息叛亂，七次擒住孟獲，又七次「放虎歸山」。最後一次擒住孟獲時，諸葛亮火燒藤甲兵，又準備放之回營，孟獲終於感激涕零地說：「七擒七縱，自古沒有的事。我雖荒蠻之人，但還是知道禮義、好歹的。」於是跪在諸葛亮的面前說：「丞相天威，我們南蠻之人再不造反鬧事了。」

抓住叛軍之首領，諸葛亮完全可以手起刀落，一下子結了他的性命，就會很快地解決問題。爲什麼他要三番五次地七擒七縱而不快刀斬亂麻地一殺了之呢？原來諸葛亮深知攻心之術在戰爭中的作用，他知道不以恩威懾服南人之心而僅憑大刀闊斧殺他個狼狽不堪，這樣即使今天殺了這個孟獲，過些時說不定南蠻中還會冒出個「孟獲」第二、第三……

這正如諸葛亮南征之前故意詢問馬謖平亂高見時馬謖所說：「南蠻依靠地遠山險，不服漢室也是很久的事了。今日雖然打敗了他們，說不定明天又要造反。用兵之道，攻心為上，攻城為下；心戰為上，兵戰為下，願丞相懾服其心足矣。」

攻心之戰，兵不血刃，刀槍不費就可克敵制勝，近似於商人不花大本錢就可做牟取高利潤的買賣，因而被歷代兵家視作戰爭謀略之上策。

「攻心」，不單是以威脅、恫嚇、詭詐等手段「唬」住對方，更重要的是要以理服人，挑明利害關係讓對方的心靈受到巨大的震動而誠服。

戰國時，晉文公聯秦伐鄭，鄭國面臨著做亡國奴的危險。鄭國大臣燭之武夜間縋城而出，對秦穆公展開了心理攻勢，首先曉之以理，說明鄭國為晉所亡，結果只能是晉強而秦弱；接著又動之以情，以晉君曾應允割地給秦，最後出爾反爾的醜行來痛斥晉國貪婪無賴。

燭之武的巧言善辯，猶似一枚重型炸彈爆炸，深深地搖撼著秦穆公的靈魂，其心理防線被沖破，結果讓晉秦大軍不戰自退。

再強大的敵人，心理有誤區、有弱點，對手要善於抓住這誤區、弱點作「突破口」，破其整個心理「城壘」，如此便可使「彼計衰而屈服」。如此使「彼計衰而屈服」，還得對手智高、識廣、知多。智高才能謀深，識廣才可計奇，知多方能曉理。

當然，攻心之戰的展開，方式方法可多種多樣，除了像燭之武那樣以智巧的辭令說服對方，或像諸葛亮那樣以和撫恩德軟化對手，還可用很多手段征服敵人之心，達到不戰而勝、敗而不亡的理想境界。古代兵書曾說：對敵人，可故意激怒他，使之憤怒；可騷擾其陣營，使之軍心浮動；可挑撥離間其中，使之內部分崩瓦解；可有意放縱他，使之驕狂失戒。像這些方法，都可算是攻心取勝的妙招。

攻心之術，不僅可用於敵我雙方你死我活較量的戰場，同時也可廣泛運用於日常生活中很多看不見的「戰場」上。

比如說，一位觀護人員要幫助、改造一位有劣績的青年，讓他浪子回頭、改邪歸正，如果只與他鬥狠氣、做臉色，結果可能是道高一尺，魔高一丈，他要與你較勁個沒完；如果總是婆婆媽媽，動輒訓他一通，「揍」他一頓，也許根本觸及不了他的皮毛，他也許始終像臭窖的石頭又臭又硬；相反，生活上處處眞正的關懷他，工作上事事誠心地關照他，讓他從內心眞正感受到人間的眞誠、溫暖，由此心動情感，說不定這位青年就很快「脫胎換骨」，浪子回頭了。

## 巧藉地勢之助

「淂地利者勝」，重要的是一個「淂」字；

但「淂」，不只是知曉或擁有地形之利，更重要的是要運用它、控制它。

孟子曾把「地利」與「天時」、「人和」並論，強調了「地利」對於戰爭的重要意義；諸葛亮也把「地利」看得很重要，曾說：

「地形地物對於戰事能夠提供極大的幫助，將帥如果不掌握戰地的地形，要想取得勝利，是不可能的事。山林、丘陵、大河，適合步兵作戰，步兵應該巧妙加以利用；土嶺小山，雜草叢生的地方適合騎兵作戰，騎兵應當因地制宜地加以運用。依山靠水，茂林深谷，是適宜弓箭作戰的有利地形；草淺地平，可退可進，是長戟作戰的好場所；蘆葦參差不齊，竹樹縱橫交錯，是利於大槍長矛作戰的地形。」

克敵制勝，雖然需要將領的奇計妙策、兵卒的英勇善戰，武器裝備的精良等多種因素來促成，但地利之得尤爲重要。世界上最早的軍事著作《孫子兵法》十三篇之中，就有六七篇論及地形，作者孫武在論述致勝條件時，曾明確地把「地」看作是致勝的「五事」之一。諸葛亮在部署戰略戰術時，更是把「地」看得重要，常是根據「地」的情況決定用兵作戰的計謀。他的著名的《隆中對》，就是依據「荊州北據漢、沔、利盡南海。東連吳會，西通巴、蜀，此用武之國，……益州險塞，沃野千里，天府之土」的地理情況，向劉備提出了與吳、魏逐鹿中原、最後立業興國的總體的戰略方針。

「得地利者勝」。這已是被無數戰例印證了的一條的兵法原則。

所謂地，是指路程的遠近，地勢的險易，作戰場地的寬狹……等等因素。聽明的軍事指揮者總能把這些地理情況作爲用兵作戰的輔助條件，爭得取勝的主動權。在漢代，韓信在破趙之戰中，背水列陣，大敗敵軍，是利用了水地的天塹優勢；在清代，石達開聯船鎖江，阻擊湘軍，是發揮了江河的屏障作用。

「得地利者勝」，重要的是一個「得」字；但「得」，不只是知曉或擁有地形之利，更重要的是要運用它、控制它。

建興八年秋，諸葛亮在陳倉大敗魏軍後，便分兵徑出斜谷而取祁山。對此，很多將領不甚理解：「取長安之地，別有路途；丞相只取祁山，何也？」

諸葛亮分析道：「祁山乃長安之首也：隴西諸郡，倘有兵來，必經由此地；更兼前臨渭濱，後靠斜谷，左出右入，可以伏兵，乃用武之地。吾故欲先取此，得地利也。」

不僅如此，諸葛亮又不失時機地令魏延、杜瓊等出箕谷；令馬岱、王平等出斜谷，最後會師於祁山。然後又令各將領利用祁山左右山高路險的地理優勢埋下伏兵。

結果，諸葛大軍因先占了有利地形，確實也占了很大便宜。當司馬懿率兵經過此地時，被蜀軍打了個落花流水，並因此地左右是山，皆無逃路，魏軍死傷無數。最後，連司馬懿也不無感慨地說：「諸葛亮奪了祁山有利地勢，吾等不可久居此處。」

縱觀中國戰爭史得知，像諸葛亮這樣既能知地形之利，又能用地形之利的將領，率軍作戰，往往能戰無不勝，攻無不克。

公元前二七〇年，秦將胡傷率兵二十餘萬討伐韓國，包圍了閼與，韓國求援於趙國，趙王召令群臣商議對策。大多數人認爲「閼與道險且狹，救之不便」。只有大將趙奢主張發兵救助，認爲「道險且狹，譬如兩鼠鬥於穴中，將勇者勝。」

趙王便委令趙奢率領五萬精兵前去解圍。

趙奢接令後，先領兵駐於邯鄲附近，以只守不援的姿態迷惑秦軍，於是，又暗中派兵星夜趕至閼與城外十五里駐守，又在閼與附近的北山嶺上屯兵設石，待秦軍知道事情眞相後，趙軍已將一切安排妥當；再等胡傷率兵趕來與趙軍爭奪北山而路經北山嶺下時，趙軍以飛石猛進，秦軍因此處「道險且狹」，進退不得，以致死傷大半，後趙奢領兵又從側後殺出，胡傷驚恐不已，墜下馬來，只得慌忙逃竄。

趙奢不僅能知閼與之地形，而且還能充分利用此地「道險且狹」的地形特點，可以說是深得兵法之妙的智者。

用兵作戰，巧藉地勢之助，方可成功獲勝，其實，做其它的事情要想成功取勝，也存在一個地勢之助的問題。

比如說，做生意、搞買賣的人，要想盈利賺錢，也常常少不得地利之助。做生意，要想贏得消費者，要想牟取高額利潤，固然要靠信譽，要靠商品質量，要靠經營手段……，但是，還得靠有利的經營地點。選擇經營地點就如作戰選擇地勢一樣重要。人們常說「酒好不怕巷子深」，這話固然有道理，但是在保證「酒好」的前提下，如果把賣酒的地點設在熱鬧的巷子口，那這好酒不是會賣得更快更多嗎？賺的錢不是肯定要比在深巷中賺的多嗎？

再比如，生活中，在環境幽雅、空氣新鮮的地方做住宅的人，可以延年益壽；就近上學的學生，可以節省時間；生活在交通便利的鄉村，有利於從事商業經濟、發家致富；身處熱鬧非凡的都市，可擁有豐富多彩的文化生活，做什麼事都可及時獲得有關信息；在水鄉的人可靠水吃水，在山區的人可靠山吃山……

近水樓台先得月，向陽樹木早逢春。生活中的大量事實昭示出：地理環境的優勢往往能給人的事業的成功提供優越的條件；人只有掌握、運用地勢之利，處世、行事則可如虎添翼，則可獲得通往成功的便利之途。

## 將欲取之，必先予之

富有戰略意義的退讓，是進攻力量的蓄積，是進攻方向的調整，是以退促進。

兩軍交戰，並不是一往直前、勢如破竹者就總能獲取勝利，相反，有時作暫時的讓步，卻往往能達到以退爲進的目的，最終取得一味進逼所不能取得的軍事成功。

所以，兵法之書有了「將欲取之，必先予之」這一條。

求進，以屈求伸，諸葛亮曾將兵法中「將欲取之，必先予之」這一條發揮到了極致，取了常人意想不到的勝利。

司馬懿在武都、陰平之戰中吃了兩次敗仗後，按兵不動，固守城壘不出，任你蜀兵再怎樣叫罵挑戰，他就是死活不越城池一步。

兩軍長期對峙，對糧草短缺的蜀軍來說，是相當不利的。蜀軍只有盡快「引蛇出洞」，速戰速決，便可爭取主動。

為了達到這個目的，諸葛亮便演出了春秋時晉文公「退避三舍」以擊敵的舊劇，立即傳令軍中：拔寨退兵。

諸葛大軍連退兩次，狡詐的司馬懿知是計謀，未敢發兵追擊；等到諸葛亮第三次退時，司馬懿漸漸以之爲眞，再經部將張郃的反複請戰，最後還是吩咐張郃率兵出征了，並說：「既汝要去，可分兵兩路，汝引一路先行，須要奮力死戰；吾隨後接應，以防伏兵，到半途駐紮，後日交戰，使兵力不乏。」

司馬懿終於上鈎了，任憑怎樣小心謹慎，最後還是敵不過諸葛亮的連環妙計，被諸葛亮殺得首尾難顧。

可見，在條件不具備，時機不成熟的時候，先暫作退讓，先予敵以利，往往能為最後的進擊、最後的獲取創造條件、製造機會。

軍事家在「取」與「予」、「進」與「退」，「伸」與「屈」等問題上，總是以「取」、「進」、「伸」為目的，以「予」、「退」、「屈」為手段，寓「取」於「予」，寓「進」於「退」，寓「伸」於「屈」，而決不是把「予」作為投敵賣乖的「禮品」，不是把「退」作為畏敵卻步的藉口，不是把「屈」作為整個軍事行動的句號。

在施用「予」、「退」等法時，應當有講究，應當顧及戰爭的大局。就大局來說，如「予」的比起最後「取」的要多，「退」的比起最後「進」的要大，就當然不合算，就當禁用「予」、「退」之法。

放眼看世界，欲取先予、欲進先退、俗伸先屈等等「迂曲」之法，不僅被聰明的軍事家用於你死我活的戰場，而且還常被一些聰明的普通人用於日常生活中的方方面面。

在生活中，經常可以看到這樣的鏡頭：

運動員練習舉重，爲了把沈重的槓鈴高高舉上頭頂，卻總是先要把身子向下使勁一蹲；

農夫抬著木椿打夯，爲使落在地下的木椿有力量，總先要將木椿高高抬起；

小孩拿著瓦片向水裡打飄飄，爲使手中的瓦片出手後向前有衝力，總先要手持瓦片向背後猛地一揚；

……

受此啓發，我們在生活中的爲人處事，有時何不妨用用上述「迂曲」之術。

在單位裡，他人爲職務、晉級與你爭得不可開交的時候，你如果大度些，主動要求退出這場爭奪，那麼，領導者會覺得你風骨高，群衆感到你品德好，說不定你的職位、職務還要比別的人晉升得快些。

在某機關，你如果是一位混得很不錯的處長，但有另一個新的單位讓你「屈尊」去任科長，而且這新的單位更適合你的專長的發揮。此時，你該作出怎樣的選擇呢？從長遠的觀點看，當然是該去這新的單位。儘管現在「屈尊」了，但這暫時的「屈」可換得將來最大限度的「伸」。

總之，沒有退讓就沒有前進，沒有退讓就沒有機智。富有戰略意義的退讓，是進攻力量的蓄積，是進攻方向的調整，是以退促進。

# 自料知他　百戰不敗

知己知彼，百戰不殆；不知彼而知己，一勝一負；不知彼，不知己，每戰必敗。

——《孫子兵法》

勝利者總是集權威於一身，一切計劃都自己控制。仔細觀察地理形勢，事先不走漏一點風聲。分析戰局，以了解敵方的優勢與劣勢；引誘對方出擊，以觀察他們的實力情況；綜合各種情報，判斷對方的兵力的多少；多方偵察，探知對方將士的戰鬥情緒。

——諸葛亮《便宜・治軍》選譯

## 知己知彼

知己容易，知彼難；
要想知彼，只得多調查、多觀察、多思考。

「知己知彼，百戰不殆」。孫武在「孫子兵法」中提出的這條兵法原則已被人類幾千年的戰爭史驗證爲是顛撲不破的眞理，無數著名的軍事指揮官奉這原則爲信條，推崇之，遵從之。

諸葛亮在《將苑．謹候》中就曾把「自料知他」作爲一條重要的用兵法則加以提倡；在軍事實踐中，他更把這條法則發揮到了極致。

建興六年秋，蜀、魏大軍對峙於祁山時，魏將孫禮本想趁蜀軍缺糧之機，以火攻之法取勝諸葛亮，不意羊肉沒吃成反惹一身騷。

其時，孫禮獻計說：「我去祁山裝做運糧兵，車上盡裝乾柴茅草，以硫黃焰硝灌之。若蜀人無糧，必然來搶。待入其中，放火燒車，外以伏兵應之，可勝矣。」

當孫禮運糧於祁山之西的消息報知諸葛亮時，諸葛亮稍事分析，便看穿了孫禮的鬼把戲：「此是魏將料吾之糧，故用此計：車上裝載者，必是茅草引火之物。吾平生專用火攻，可將計就計可行。」

於是，諸葛亮喚馬岱吩咐道：「你引三千軍到魏兵屯糧之所，不可入營，但於上風頭放火。」

馬岱即率兵暗中潛入祁山之西，待夜晚二更西南風起之時，便在營南放起大火，火藉風勢，魏軍裝有引火物的車隊很快全部燃著。於是，馬忠、張嶷又分兩路殺來，把魏軍圍在垓心。當時火緊風急，魏軍人馬亂竄，死傷無數。

諸葛亮的這次勝利，根本在於他知己知彼，然後以其人之道反治其人之身。知己知彼，自料知他，於戰前對各方面情況能做到心中有數，則可揚長避短，避實擊虛；則可動止得宜，進退適當。否則，就會如盲人騎瞎馬，黑夜臨深池，不免陷入絕境，被動挨打，以至一敗塗地。

春秋時期，有宋國的君主宋襄公與楚國交戰，既不知己，也不知彼，以致一意孤行，坐失戰機，最後弄得國毀人亡。

與朋友相處，與領導者共事，如果能知己知彼，了解朋友們各自不同的個性、身世、特長，知道各個領導者自己的好惡、脾氣、作風，然後不同的人給予不同的方式對待；對性格暴躁的朋友，謙讓些；對心眼小的朋友，度量大點；對顯示欲較強的領導者，處處多抬他；對愛擺架子的領導者，事事放謙恭些……，這樣，就會與隔壁左右、上上下下相處得和和樂樂，做得八面玲瓏。

體育競技場上與人賽球，如果能知己知彼，知道了對手的一貫運球的風格，掌握了對手「殺手鐧」的特點，然後「兵來將擋」，「火到水攻」，依其人之道反治其人之身，這樣就可無往而不勝。

比較起來，世上之事，知己容易，知彼確是難。要想知彼，沒有什麼捷徑走，只得多調查、多觀察，多思考。

「黔驢技窮」的故事人所熟知，那個老虎就很聰明，它的本意是想吃掉驢子，但見驢子龐然大物，不知來頭，沒敢下手。爲了「知彼」，便先探試、觀察；「往來視之」，「狎之」，「衝冒」之，終於摸淸了驢子的「斤兩」。

## 先探敵情而後圖之

誰都不願拿雞蛋與石頭硬碰，因此要與對手交鋒，先得知己知彼，熟悉對手的情況。

如此交鋒之前就少不得必要的偵察、視探。

在競爭之中，誰都想戰勝對手而摘取勝利、成功的果實。但是，戰勝對手往往不是一件輕易的事。以什麼方式攻擊對手？選在什麼樣的時機與對手較量？……這些問題都有講究。

誰都不願拿雞蛋與石頭硬碰，誰都不肯閉著眼睛往陷阱裡走，因此，要與對手交鋒，先得知己知彼，熟悉對手的情況。如此，交鋒之前就少不得必要的偵察，試探。

軍事競爭更是如此。

諸葛亮曾說：「善於作戰的將帥，一定要先探淸敵軍的情況，然後再謀劃進攻之事。當敵軍暴露出了種種弱點，如士兵失去銳氣，糧食供給不暢，百姓怨聲載道，武器裝備不齊全，軍隊紀律鬆散、獎罰不均、孤立無援，在這些情況下，就可趁機發起進攻。如果敵人任用賢良之人，糧食充足，人民安定和睦，武器堅銳鋒利，並有強國的援助，就應設法避開與他們交手。」

建興八年，諸葛亮同魏將曹眞大戰於祁山，並占了祁山的有利地勢。

諸葛亮準備乘勝追擊，徹底收拾曹眞。出兵之前，諸葛亮便特地派了負責敵情偵察的細作去打探曹營的虛實、動靜。

不久，細作便回來報告說，曹眞臥病不起，正在治療。

獲知這一重要的軍事情報，諸葛亮喜不自勝，覺得可乘虛而入，便心生一計，寫了一封嬉笑怒罵、富於刺激性的信托降兵捎了去。曹眞讀信，恨氣塡胸，再加上重病染身，立刻就嗚呼哀哉了。

一個軍事信息竟使諸葛亮奇計忽生，用一紙黑字就讓曹眞見了閻王。這就是「先探敵情而後圖之」，並且是對症下藥，一劑奏效。

自人類出現戰爭以來，兵家都十分重視戰前偵察，想方設法搜集敵軍的有關軍事情報。在冷兵器時代，科技不發達，人們刺探敵情的手段較爲落後，只有通過直接觀察、實地考察、間諜活動等途徑收集對手的情況。

在現代戰爭中，敵我雙方往往是借助現代的發達的科學技術進行戰前的偵察活動，以此獲取有關情報。

據說，美伊海灣戰爭爆發之前，以美軍爲首的聯軍調動了大量的先進的儀器設備用於情報偵察戰，光是偵察衛星就動用了三十多顆，因此，聯軍對伊拉克整個地面的軍事設施掌握的較清楚，以致短短幾天時間的空戰，就把伊拉克的軍事設施摧毀了半數以上。

諸葛亮關於軍事競爭上的「先探敵情而後圖之」的思想，對於其它行列的競爭來說，也很具有借鑒意義。

企業參與競爭，要想壓倒對手，必須先了解對手的內幕，準確及時地探測到對手的有關情況，如經營手段、資金轉動、員工士氣等等，然後選定計策，攻其弱點。

律師在訟訴活動中，要以不變應萬變，擊敗對手，就得在開庭前的整個調查過程中探測到對手已掌握了哪些證據材料，已進行了哪些應訴準備……

你如果準備與某人合夥做生意，要想合作得愉快，又不致使自己吃虧上當，你事先就得從側面打聽、了解此人的來歷、品性。

## 勝敗的預料

打仗要知己知彼，要預料勝負，這樣，才可避免無謂的流血犧牲，才可避免盲人騎瞎馬的莽撞，仗才可打得穩而不亂。

然則，知己知彼，要知道一些什麼樣的情況？預料是勝是負？又要預見哪些東西？

諸葛亮在《將苑．揣能》中說：

古時善於用兵的人，考察戰前雙方各方面的情況，便可大致預料誰勝或負。戰前必須考察的情況是：君主是哪一方的較爲聖明？將帥是哪一方的較爲賢良，官吏是哪一方的較有才能？糧草軍餉是哪一方的準備得充足，兵卒是哪一方的更加訓練有素？軍容是哪一方的嚴明整齊？戰馬是哪一方的跑得快？地勢是哪一方的更險峻？幕僚是哪一方的更具智慧？哪一方更能威懾鄰國？哪一方的財寶爲多？哪一方的百姓眞正是安居樂業？

諸葛亮又在《將苑·勝敗》中說：

讓賢能的人擔任重要職務，把沒有才能屈居次位；三軍內部團結和睦，士卒服從將帥領導，並相互勉之以勇猛，賽之以威武，誡之以賞罰。這樣的軍隊則有勝利的希望。

如果士卒懈怠散漫，三軍自相驚擾，士兵不講禮義，無法無天，並以敵人的威勢相互恐嚇，相互談論的是謀取私利，叮囑的是避禍得福，傳播的是謠言蜚語。這樣的軍隊則有敗亡的前兆。

# 諸葛亮的人生哲學—智聖人生

中國人生叢書 2

著　　者／曹東海
出　　版／揚智文化事業股份有限公司
發 行 人／葉忠賢
責任編輯／賴筱彌
執行編輯／范維君
地　　址／台北市新生南路三段 88 號 5 樓之 6
電　　話／(02)2366-0309　2366-0313
傳　　眞／(02)2366-0310
登 記 證／局版北市業字第 1117 號
印　　刷／偉勵彩色印刷股份有限公司
法律顧問／北辰著作權事務所　蕭雄淋律師
初版四刷／ 1998 年 12 月
定　　價／新臺幣： 250 元

南區總經銷／昱泓圖書有限公司
地　　址／嘉義市通化四街 45 號
電　　話／(05)231-1949　231-1572
傳　　眞／(05)231-1002

本書如有缺頁、破損、裝訂錯誤，請寄回更換
ISBN ／ 957-9091-64-1(第 2 冊)
E-mail ／ tn605547@ms6.tisnet.net.tw
網址／ http//www.ycrc.com.tw

國立中央圖書館出版品預行編目資料

諸葛亮的人生哲學：智聖人生／曹海東著. ——
初版. ——臺北市：揚智文化, *1994*〔民*83*〕
面；公分. ——（中國人生叢書；*2*）
*ISBN 957-9091-64-1*（平裝）

*1.*（三國）諸葛亮－傳記 *2.*人生哲學

*782.823* *83004522*